如何与人高效沟通

做个有出息的青少年

陈楠◎编著

中国纺织出版社有限公司

内 容 提 要

口才对于现代人的重要性毋庸置疑。口才不是唱独角戏，而是体现在沟通中。实际上，人际关系和沟通能力是我们立足社会的重要资本，如果你能掌握沟通技巧，你的人生一定会有所改观。

本书将沟通技巧分为四个部分，全面系统地揭示了如何因地制宜、因人制宜地说话。在本书中，你将会学到实用高效的沟通技能，增强你在与人交往方面的语言能力，进而帮你掌握最能赢得人心的沟通诀窍，成就自己的精彩人生。

图书在版编目（CIP）数据

如何与人高效沟通 / 陈楠编著. --北京：中国纺织出版社有限公司，2020.9（2023.5重印）
（做个有出息的青少年）
ISBN 978-7-5180-7401-3

Ⅰ.①如… Ⅱ.①陈… Ⅲ.①心理交往—青少年读物 Ⅳ.①C912.11-49

中国版本图书馆CIP数据核字（2020）第076533号

责任编辑：闫 星　　责任校对：韩雪丽　　责任印制：储志伟

中国纺织出版社有限公司出版发行
地址：北京市朝阳区百子湾东里A407号楼　邮政编码：100124
销售电话：010—67004422　传真：010—87155801
http://www.c-textilep.com
中国纺织出版社天猫旗舰店
官方微博http://weibo.com/2119887771
永清县晔盛亚胶印有限公司印刷　各地新华书店经销
2020年9月第1版　2023年5月第2次印刷
开本：880×1230　1/32　印张：6
字数：108千字　定价：48.00元

前言

生活中，我们可能都会谈及这样的话题：什么样的人最受人欢迎？也许有人会说，拥有出色长相的人更受欢迎；也有一些人会说，职业能力强的人更受欢迎；还有人说，善解人意的人最受欢迎……这几点，我们都不否认，但一个人要想获得成功，还必须拥有与这个社会接轨的“敲门砖”，也就是人们说的“口才”。通俗一点儿说，一个人受到的社会支持度，与其语言沟通能力有很大的关系。会说话更是一种立足社会的能力，卓越的口才是增加自身魅力的砝码，更是让你在生活中、职场中御风而行的有力武器。好的口才可以改变你一生的命运，可以帮助你成就一番事业。

现在，我们来想想看，在我们的周围，是不是有这样的人：他们看起来并不出众，但走到哪里都受到别人的欢迎，成功也比别人来得更快！其实，这并不是因为他们有什么通天的本事，而是因为他掌握了说话和与人沟通的技巧，他们说出的每句话，都能让别人感到愉快，而且，他们似乎总是能用语言引导别人，仿佛他们天生就是能做到“呼风唤雨”。也许你敬佩甚至是不服气他们的成功，并在心中疑问，他们到底是怎样做到的呢？

其实，只要掌握了沟通的技巧，你完全可以做到这一点。那么，什么是沟通呢？

所谓沟通，指的是人与人之间、人与群体之间思想与感情的传递和反馈的过程，以求思想达成一致和感情的通畅。从沟通的定义中，我们也看到，沟通一定要是双向的，这样一来一往，才能够算得上是真正成功的交流。为此，我们在与人沟通的过程中，要想获得好的沟通效果，就不能一味地说，忽视沟通对象的存在。

真正的沟通能力，不仅是指拥有滔滔不绝的说话能力，更重要的是要有见机说话的技巧。善于说话的人不一定说得很多，但是，他每说的一句话都能够恰到好处。而之所以那些善说者能将话说到点子上，还在于他们能够通过语言来影响他人的心理，说出对方想听的，了解对方的担心、顾虑等，这样，他们就找到了与他人进行良好沟通的那把钥匙。

现在，你也许想寻找一个可以指导自己提升沟通能力的导师，而这就是我们编写本书的初衷。《如何与人高效沟通》分四个部分，从生活中的各个场景出发，给出了具体的训练方法，并结合丰富多彩的案例。这些案例能够打开我们的思维，有很好的借鉴作用，同时，也便于我们理解本书中提到的各种沟通原理、技巧，从而教会我们如何提高自己的说话水平，相信会对广大读者有所帮助。

编著者

2019 年 12 月

目 录

Part 1　话要巧说，顺畅交流

Part 2　找对方法，有效沟通

Part 3 对症下药，见什么人说什么话

Part 4 应景说话，到什么山唱什么歌

Part 1

话要巧说，顺畅交流

§

生活中的任何事情，可别毁在说话上。有句话叫作：话说对了，事就成了。做事不一定要说话，但说话则是做事时最重要的一种沟通方式。一句话，就看你是否说得对，是否说得好听，是否说得有理有据，是否说得有感情。

§

第01章　温声细语，说话要展现你的友好善良

话要说对，关键在于话好听。良好的口才是一个人的招牌，它可能会影响职位晋升、影响客户拓展，甚至影响一生的成果。可以说，说话有着非凡的人生意义，能力也是需要靠“说”表达出来的，而良好的人际关系也是从当众说话开始的。

好口才，成就精彩人生

说话这样一件如此简单而又极为普遍的事情，怎么会有非凡的人生意义呢？说话，首先意味着你把自己的形象完全地展现在公众面前，它就好像是展现一个人综合素质的一面镜子，也好似衡量一个人能力以及水平的一把尺子。对于一个普通人来说，说话说得好，无疑会为他赢得良好的形象效应，自然而然地，他将会成为人们欢迎的对象，至于工作、爱情、理想，还会远吗？显而易见，说话会给每一个人都带来巨大的影响，而对于你的人生，它也必将具有非比寻常的意义。

或许，有的人会反驳：“我既不是领导，也不是教师，我只是一个再普通不过的职员而已，说话对我不存在任何意义。”可是，真的是这样吗？说话往往是伴随着一个人的职业

发展悄悄地来到人们的面前的。如果请你说出需要“说话”的职业，那么，你或许会脱口而出：“校长、主持人、老师、律师、明星、运动员……”可能，你所能想到的还会有许多。足以见得，说话已经成为我们人生中的一部分。对此，套用英国前首相丘吉尔一句经典的话：“你能对着多少人讲话，你的人生将会有多精彩。”

有人说：“成功的说话艺术成就了马云，成就了阿里巴巴。阿里巴巴的成功史，正是马云的当众说话史。”如果你对此还有什么疑惑，那么，去了解一下马云的经历吧，你将会知道，真实情况确实如此。

早在1995年，马云就意识到互联网是一座等待挖掘的金矿，他只有一个疯狂的念头：做互联网。在遭到所有朋友反对的情况下，马云只找到了一个搭档，加上自己的妻子，3人凑足了2万元启动资金，开始经营自己的第一家互联网公司。刚开始时，经营困难，于是，马云开始了自己“说话”的生涯。在杭州的各个街头，他不得不站在那些大排档边上，口沫乱飞地讲述自己的梦想，过路的人都认为他是一个骗子。但是，马云无暇去注意别人对自己的评价，而是不屈不挠地讲自己的互联网梦想。慢慢地，他的业务艰难地发展起来，马云越讲越有名，他所做的“中国黄页”也越做越大。

就这样，在1999年4月15日，阿里巴巴上线，很快在商业圈里声名鹊起，马云开始在世界各地讲述互联网的梦想。

马云一直当众讲述着自己的梦想，从杭州街头的大排档到整个世界，他所创造的就是“说话”的历史。如果更多的企业，企业中更多的员工，特别是领导人，也能具备这样一种“说话”的影响力，那么，这对企业的发展将会起到什么样的推进作用呢？马云以自己的经历作了最好的说明。

一位女士作了这样的自述：

“我以前是学幼儿教育的，毕业之后被分配在一家幼儿园做幼儿教师。因为工作出色，5年之后，单位提升我为教务主任。结果，我一上任就遇到了一个大难题：需要经常给老师们开会，但我一当众说话就紧张，开了一年的会还是如此，开会前总是睡不好觉，吃不好饭，心神不宁，真是痛苦不堪，最后我选择辞职，以求解脱。”

案例中的女士，仅仅因为不善当众说话，就觉得自己的人生充满了苦恼。可见，说话确实给我们的人生带来了一些与众不同的东西，给人生带来了非比寻常的意义。

1.说话为人生的交际增添了色彩

21世纪是信息的时代，竞争异常激烈，机遇和风险并存。实力当然必不可少，但交际也有着同等重要的作用。人生中的交际离不开演讲与口才，特别是当众说话的能力，这是获得社会认同、上司赏识、下属拥戴、同事喜欢、朋友帮助的必要条件。出众的口才，将为你的人生交际增添更多的色彩。

2.说话为人生的事业构筑桥梁

美国前总统尼克松曾经说过："凡是我所认识的重要领袖人物，几乎全都掌握一种正在失传的艺术，那就是特别擅长与人作面对面的交谈……一位领导人如果不能在交谈时吸引人、打动人，那么，他大概也说服不了人，因此也未必能成为领导人……"

在这里，说话无疑为领导者的事业构筑了桥梁。既然说话对领导者都有如此大的作用，那么对于一个普通人来说，其产生的在事业上的作用将会更大。

密钥

在现实生活中，尤其是对于领导者来说，如果说话能够说得生动精彩、引人入胜、打动人心，无疑会给听众留下难以忘怀的印象；甚至，可以塑造良好的领导形象，使自己的威信得到提高，使自己的权威得到增强。

坦坦荡荡说话，明明白白做人

许多人可能都不知道这样一个秘密：说话可以成为幸福生命的密钥。在现实生活中，许多人是人前话不多，人后却喋喋不休，他们对着天花板抱怨、对着窗户咒骂，内心所受的委屈以及伤痛瞬间涌现了出来，人们通常把这样的心情叫作“憋屈”。因为在大庭广众之下不敢说、不愿说，结果，自己受到的不公平待遇只能是哑巴吃黄连——有苦说不出。这些不敢说话的人，往往也是生活中总是感觉到自己不幸的那一类人。

说话，对人的情绪有一定影响，所以，心中想什么，就应该大胆地说出来，如此才不会造成内心的压抑和憋屈。话说完了，心中的怨气也没有了，如此一来，你还会感觉到自己是不幸的吗？因此，我们可以说：幸福生命的密钥就是说话。

美国医药学会前会长大卫·奥门博士曾说过：“尽量培养出一种能力，使别人能够了解你的思想和感觉。学习在个人面前、团体面前、大众面前清晰地表达自己的思想和观念。在你通过不断努力而获得进步的时候，你便会发现：你——真正的你，正在人们心目中塑造一种前所未有的形象，产生前所未有的冲击。从这份处方中，你还会得到另外的好处。学会说话，会增强你的自信心，你整个人的性格会越来越温和，越来越美好。这将意味着你的情绪已渐入佳境。”这是他曾经开过的一个药方，当时，他还说了这样一句话：“在药房里抓不到，每个人得自己配，你要认为自己不行，那就错了。”

李女士是出了名的“撒气儿夫人”，她就职于一家大公司，并担任了办公室主任。在工作过程中，最让李女士头疼的就是处理纷繁复杂的人际关系。由于不擅长说话，笨嘴拙舌，她总是将公司里每天发生的那些不顺利的事情憋在心里，时间长了，她就养成了“上班受气、回家撒气”的习惯。无奈的家人送了一个“撒气儿夫人”的绰号给她，她与家人的关系也越来越糟糕。

李女士经常抱怨：“我觉得自己就是最不幸的人，在公司，要无端端地受别人的气，自己却大气不敢出；回到家，本想撒撒气儿，可家里人也不理解、不包容，我真是有苦无处说啊！”面对李女士的情况，心理医生表示：“其实，心中有委屈就是要一吐为快，学会了说话，你的心情舒畅起来，工作也会顺心不少，家庭也会和睦起来。如此一来，那些所谓的不幸将会成为一种幸运。”

在生活中，诸如李女士的案例比比皆是，对此，心理学家指出：“假如一个人很有主见，当他受委屈的时候，会在第一时间表明自己的态度，就不会在心中郁积很多的愤怒。”然而，对于大多数中国人来说，他们习惯了忍气吞声，不愿意说出来，结果令自己内心积压了更多的压力和不满。因此，如果你和李女士一样，那么，请大声发表自己的意见与观点，说出来后，你的心里将会舒畅很多。说话，确实是你开启幸福生活的钥匙。

在生活中，许多人之所以会感觉到自己是不幸的，大多是因为内心自卑、缺乏勇气。而综合起来，就是不敢或不愿意说话，才会把自己推至不幸的境地。

说话可以为我们的生活带来很多新的改变，不管是情绪上的改变，还是心理的改变，这些改变都是很有必要的。

1.说话是培养一个人自信和勇气的最佳方式

卡耐基先生说："说话是培养一个人自信和勇气的最佳方式。"当一个人消除了在一群人面前说话的恐惧之后，也会克服对自己、对别人以及对生活本身的恐惧。

大多数人都有这样的体会：如果你站在许多人面前说话，说得听众频频点头，大家的目光都在赞许你，还有人在本子上记要点，在说话结束时听众对你报以热烈的掌声，在散场时有人让你签名，有人找你请教问题，你便会对自己产生新的价值认定，心中的自卑感会一扫而光，自信心将得以增强。

2.说话将为你减少内心郁积的怨气

对于那些总是憋屈地生活着的人来说，说话将会为他们减少内心郁积的怨气。在心理治疗术里有一种办法叫作"空椅子"，就是告诉我们缓解压力的根本办法就是接纳自己、大胆表达自己的意见。为此，对于自己所受的委屈以及压力，我们应该真实地通过说话反映出来，如此，你才能感受到生命带来的幸运。

密钥

假如你觉得你的生命遭遇了不幸，或是升职无望，或是求职失败，或是向异性表白遭遇了拒绝，等等，我相信，大卫·奥门博士所开出的药方——说话，是十分适合你的。如果你能够真正地学会说话，那么你会发现，幸福的生活正在向你挥手。

你的能力，有时候需要表达出来

虽然我们经常听到这样一句话，“能力并不是只靠嘴巴说出来的”，但不可否认的是，在很多时候，即便你具备优秀的能力，如果不说，别人又怎么会知道呢？所谓的有能力，有时也是靠“说话”说出来的。

俗话说：“酒香还怕巷子深。”更何况是一个人所具备的能力呢？一个有远大志向且具备卓越能力的人，假如连话都不会说，他又怎么能向众人证明自己的能力呢？或许你会反驳，能力大多是“做”出来的——这话原本不错——然而，对于那些埋头默默做事的人来说，若不具备一定水平的口才，那他们所发挥出来的能力将会黯淡不少，甚至可以说，发挥出来的效果将减少一半。因此，如果你有能力，那么就更应该学会“说话”，如此，才会让你的能力得到最大限度的发挥。

小王是中学政治老师，在学校里，他可谓是最优秀的讲师了，不仅十分有能力，而且讲课的功夫特别棒。许多同事询问其秘诀，小王总是呵呵一笑：“秘诀就是要会说话，对于我们老师来说，既要肚子里有货，也要能倒得出来。一个老师即使很有学识，若是不会说话，那他的能力是无法发挥出来的。”

对于说话，小王老师可以说是相当精通，就连“提问”，说起来也是学问颇深。他常常这样说：“我们在提问时，要分层提问，化难为易，化大为小，把课堂提问当作一门艺术，这样，我们才能够运筹帷幄地统领全局。另外，这样的提问方式也能够很好地结合学生的实际，作出有计划、有步骤的系统化的提问，层层深入地引导学生作思维的纵深发展。”

举一个简单的例子：

在一次政治课上，小王在讲到“商品”这个概念的时候，他设计了一连串由浅入深的问题来启发学生层层深入地了解。课一开始，小王就提问：“同学们，我们吃、穿、用的物品是哪来的？”学生异口同声地回答：“市场上买的。”小王老师接着问：“那市场上出售的商品又是从何而来？”有学生回答：“劳动而来的。”小王老师继续问：“所有的物品都是劳动产品吗？所有劳动产品都是商品吗？”学生们摇摇头，说不上来，小王老师问：“原因是什么呢？”这样几个问题一一回答下来，使得“商品”的外延范围越来越小，逐渐显示出了内涵。最后，小王老师轻松揭示了答案：“商品就是用来交换的劳动产品。”课程结束后，小王老师总结说：“这样的提问方式，循序渐进，能够带领学生轻松地跨越思维的台阶，学生比较容易接受。”

老师作为一种职业，更需要说话的技巧，其实，在生活中，还有许多职业都需要说话，诸如导游、主持人等。对这一类职业的人来说，除了本身所具备的专业知识之外，还需要具备一项特殊的技能，那就是说话。因为，只有通过说话，才能证明其自身的能力。就老师来说，即便是读了万卷书，若不懂得如何表达出来，学生还是会认为这不算多优秀的老师。因此，对于此类职业的人来说，尤其需要多做说话的练习，以此来证明自己的能力。

或许，有的人认为自己并不是老师，也不是导游，更不是主持人，只是一个做技术的员工，那自己肯定是不需要具备什么说话能力的。这样的想法是有偏差的——当然，如果你仅仅想成为一个默默无闻的员工，从来没有想过晋升职位或者是进一步增强自己的能力，那不具备说话能力也是可以的。但是，多少人愿意待在一个岗位上平庸一辈子呢？

1.有的能力需要通过“说话”才能展露出来

以上我们已经说过了，有的职业需要通过“说话”才能展露能力，除了我们所说过的老师、导游、主持人，还有领导者。对于一个领导来说，他的能力、威信以及对下属的管理，都是通过说话而表现出来的。因此，说话是其不得不必备的一种技能。

2.有能力也需要大胆“说”出来

在生活中，有的人明明具备了优秀的能力，但是他总是表现得异常低调，似乎在等着伯乐来发掘自己。但是，现代社会，千里马向伯乐自荐的例子已经是不胜枚举，如果你总是不敢“说”出自己的能力，不愿意推荐自己，那么，你一身的本领将会被埋没。

密钥

即使你的能力只需要靠“做”表现出来，假如你不擅长说话，或许你的功绩将会被别人抢走，又或者你始终在原地踏步。因此，为了能够让自己的能力充分地发挥出来，我们应该学会说话，或是向领导推荐自己，或是向众人展露自己的能力。

不仅要做得好，还要说得好

成功大师戴尔·卡耐基说：“一个人的成功，15%取决于专业知识，85%取决于口才艺术。”现代社会，几乎已经不存在一个不需要口才的职业，随着社会的日益发展，诸如旅游、管理、服务等，这些行业越来越重视说话的作用。为什么说话会获此殊荣呢？其中，一个关键性的原因在于：言语的威力是做事的重要砝码。在现实生活中，只有会说话、会办事，别人才会接纳你、尊重你、帮助你实现愿望。

三国时期，邓芝受命出使东吴。他到了东吴，孙权对他很怀疑，因此不肯接见。过了两天，邓芝给孙权写了一封书信。孙权一看，只见信上写道："臣来这里不是为了蜀国，而是为了吴国。若大王不愿见臣，臣就走了。"孙权犹豫不定，一些大臣也都想刁难一下邓芝。后来，孙权采纳了张昭"先给邓芝个下马威"的意见，在殿前放一个沸腾的油鼎，命武士各执兵器，站立在两侧，召邓芝入见。

邓芝听孙权召见他，便从馆舍出来，毫无惧色，昂首走入大殿。邓芝进入殿内，就对孙权说："我特为吴国利害而来，大王却设兵置鼎，以拒一儒生，可见大王度量太小。"孙权听后，觉得很惶愧，忙令人赐坐。邓芝问道："大王欲与魏和呢，还是与蜀和呢？"孙权说："孤非不欲和蜀，但恐蜀主年幼国小，不足敌魏。"邓芝侃侃道："大王为当世英雄，诸葛亮亦一代豪杰。蜀有山险关隘，吴有三江，若互为唇齿，进可兼并天下，退可鼎足峙立。如大王甘心事魏，魏必然会征大王入朝，索王子做质子，一不从命，便起大兵讨伐，那时蜀国再顺江东下，臣恐大王两面受敌，江东之地不能复有了，请大王熟思！”为赢得孙权的信任，表示诚意，邓芝又说：“若大王以为愚言是不可取的谎言，吾愿立即死在大王面前，以杜绝说客之名。”说着，撩起衣服，装作向油鼎跳去。孙权忙令人将邓芝拦住，请入后殿，以上宾之礼相待。

在上面这个案例中，邓芝单枪匹马与吴国谈判，在大殿上，坦然直言，侃侃而谈，以自己的勇气加上言语的技巧，促成了整个谈判的成功。再回过头来想想在邓芝出发之前，诸葛亮那镇定自若的神态，我们就可以预测邓芝肯定会凭借着自己三寸不烂之舌将这件事做得十分漂亮，而最终的结果也确实是这样。

约翰固执地爱上了商人的女儿柯尼亚，但柯尼亚始终拒绝正眼看他，因为他是个古怪可笑的驼子。这天，约翰找到柯尼亚，鼓足勇气问：“你相信姻缘天注定吗？”柯尼亚眼睛盯着天花板答了一句：“相信。”然后反问他，“你相信吗？”他回答：“我听说，每个男孩出生之前，上帝便会告诉他，将来要娶的是哪一个女孩。我出生的时候，未来的新娘便已经配给我了。上帝还告诉我，我的新娘是个驼子。我当即向上帝恳求，‘上帝啊，一个驼背的妇女将是个悲剧，求你把驼背赐给我，再将美貌留给我的新娘’。”当时，柯尼亚看着约翰的眼睛，内心深处的某些记忆被搅乱了。她把手伸向他，之后成了他最挚爱的妻子。

一个驼子决定向一个美丽的女子求婚，可能，你在听说这个故事的时候，也会忍俊不禁。但是，约翰以自己的言语的威力将这件事做成功了，他那深情款款的语言打动了美丽的姑娘，最终，柯尼亚成为了约翰的妻子。在生活中，很多事情其实是不难做到的，当你拥有了说话的口才后，你前进的路途将会风雨无阻。

1.话说得好，做事自然会成功

在生活中，总是有人抱怨自己不会办事，本来事情办得好好的，结果一说话就坏事。这是怎么回事呢？在做事过程中，言语不当会坏大事儿；与此相反，假如你具备好口才，在关键时刻，说上几句良言美语，那事情保准就会成功。这就是做事与说话之间最重要的联系点：话说好了，做事才容易成功。

2.言语也需要一定的心理策略

在做事过程中，我们需要巧用言语攻心策略，也就是要将话说到对方的心里，如此，才能左右逢源、应付自如。相反，不论你的口才多棒，假如不懂得一定的心理策略，话说不到对方的心里，那说得再多也是无济于事。

密钥

俗话说：“精诚所至，金石为开。”好的口才首先会让别人感觉到热情以及诚意，只要你具备这些言语技巧，你就可以用一根头发牵动一头大象。拥有好口才，无疑为你做事增加了成功的砝码。

第02章 礼多人不怪，说话彬彬有礼惹人喜

说话彬彬有礼，是尊重对方。这看起来似乎并不难，不过对于许多人来说，依然是不小的挑战。话说得有礼，谦谦君子才能惹人爱。如果说话粗鲁或无礼，会让你身边的人产生反感。

礼貌用语，说话切忌粗口

许多人善于言谈，却不是那么会说话，给人的感觉总是很别扭，使人远远避之而唯恐不及，究其原因，就在于说话时少了礼貌的措辞。其实，在日常生活中，说话礼貌是十分有必要的。它是一个人素质的直接体现，也是能够赢得对方尊重的先决条件。有的人说话不礼貌，这样不仅会令人厌烦，而且最终只能导致沟通失败。

尊重别人就是尊重自己，无论我们在社会上扮演了什么角色，有着什么样的身份，礼貌是维持良好人际关系和持续互动的规则。一个说话礼貌的人走到哪里都会受欢迎，而一个习惯于出口不逊的人，怎么样都得不到别人的喜欢。

章老师是一所高校有名的教授。有一天，一位隔壁学校的

同学来找章教授，请章教授做他校外的论文评阅人。因为当时规定，论文答辩时要请一个校外的专家来指导。

这位同学一进门，见章老师的屋里坐了好几位老师在商讨问题。他也搞不清哪位是章教授，就张口问道：“谁是章炳山呀？”章老师听到这个学生直呼自己的名字，脸色微微一变，其他几位老师也面面相觑。不过，章老师还是很有礼貌地对他说：“我就是，找我有什么事吗？”那位同学大大咧咧地说：“噢，你就是章炳山呀，我早就听说过你了。我是某某教授的学生，我的论文你给我看一下！”章教授到底是有涵养的人，虽然看到这个学生说话没有礼貌，但还是回答：“那你就放那里吧。”这名学生把自己的论文往章老师的桌子上一扔，对章老师说：“你快点看呀！后天我们要论文答辩，你可别耽误我的事！”章老师这么有涵养的人也忍受不了了，火气顿时上来，他对这位同学说：“这位同学请留步。请问一下是谁找谁办事呀？你的论文拿走，我没有时间给你看！”

一向很有涵养的章教授怎么会忍不住生气呢？原因就在于那位同学说话不懂礼貌。章老师是很有名气的教授，那位同学至少应该礼貌地称呼“章老师”，而不是直呼其名。另外，同学话语中透露出的“目中无人、随意指使”的不礼貌口吻，更让章教授生气。其实，无论是求人办事还是普通的交谈，我们都需要以礼貌的措辞来进行交流。如果那位同学说话能够礼貌一点，那么章教授一定不会断然拒绝他，定会乐意帮忙的。

有位士兵骑马赶路，到黄昏了还找不到客栈，这时他看见前面来了位老农，便高喊：“喂，老头儿，离客栈还有多远？”老人回答：“五里！”士兵策马飞奔十多里，仍不见人烟。“五里、五里”，他猛地醒悟过来，“五里”不是“无礼”的谐音吗？于是他掉转马头赶回来亲热地叫了一声“老大爷”。话没说完，老农说：“你已经错过路头，如不嫌弃，可到我家一住。”

语言本是思想的衣裳，它可以直接表现出一个人的高雅或粗俗。同时，语言交流是一种心灵沟通，要想使彼此之间的沟通畅通无阻，就应该得体地运用礼貌措辞，这样才会让对方感到“良言一句”的温暖，使自己与他人之间的感情很快融洽起来。

1.丰富礼貌用语

在平时生活中，我们习惯这样打招呼：“你吃饭了吗”“你到哪里去”。这样的日常用语显得有点单调、乏味，也缺乏应有的礼貌。这时候，我们应该丰富自己的礼貌用语，如“早安，你好吗”“请代问全家好”等。

2.使用礼节性语言

语言的礼节就是寒暄，有一些最常见的礼节语言惯用形式，比如，问候语“您好”，告别语“再见”，致谢语“谢谢”，致歉语“对不起”，回敬语“没关系”“不要紧”“不碍事”等等。

3.养成使用敬语、谦词、雅语的习惯

敬语也就是敬辞，即表示尊敬礼貌的词语，如我们常用的敬语“请”，第二人称“您”，代词“阁下”“尊夫人”等；谦语是向人表示谦恭或自谦的一种语言，如称自己为“愚”、称自己父亲为“家父”等；雅语是指一些比较文雅的语言，比如，你端茶招待客人，应该说“请用茶”。

4.善于言辞

交谈中，一般都会选择大家共同感兴趣的话题，但是，对于一些不该触及的敏感话题，如对方的年龄、收入、婚姻状况等等，应该尽可能地避开。询问对方这样的信息，是不礼貌和缺乏教养的表现。

密钥

何谓礼貌措辞？其实就是我们日常交际中所使用的敬语与谦词，这些口语表达可以体现出对他人的尊重，诸如“请教、指教”“劳心、费心”等等。如果我们能在日常语言交际中使用这些谦词和敬语，对方肯定乐意与我们接触，与我们建立友好和谐的关系。

谈吐优雅，别肆意发泄你的情绪

小说家亚诺·本奈说："日常生活中大部分的摩擦冲突都起因于恼人的声音、语调以及不良的谈吐习惯。"如果仔细观察身边的人，你会发现他们大多数人都是带着情绪说话，缺少了应有的优雅从容。对此，哈佛大学前校长伊立特说："在一个有教养的人的教育中，有一种训练是必不可少的，那就是优美而文雅的谈吐。"

在生活中，善于说话的人，不但能使陌生人见了他们产生良好的印象，而且能够广结人缘，到了哪里都受人欢迎。有的人说话，喜欢随便使用粗俗的语句，不肯"三思"而后言，还有许多人，整天只会说一些没有任何意义的琐事。这样的说话方式，若是面对一个陌生人，肯定会招致他的反感。

一个人所说的话不仅能够感染他人，而且能够反映出自己的一些信息，比如，内心所想、职业等等。一般而言，当内心通畅的时候，说话就会清亮和畅；内心平静的时候，语言平和；内心兴奋的时候，声音就变得有点尖锐。现代心理学认为，不同的说话方式会给人不同的感受。而其中，优雅从容的语言表达会给你的谈话增加筹码，不管你是在聊天，还是在说服对方，都具有很好的作用。

销售员小丽说："我本质上不是一个温柔的人，因而，对于优雅的谈吐并没有太多感性的认识，可是工作得越久，我就越能领教它的力量。”小丽在一家公司做售后回访，一般要问完五个问题才算做完一个回访。通常情况下，她很客气地问候客户时，对方多能比较礼貌地回应她。但也有态度很粗暴的客户，没等她把话说完，就“啪”一声地挂了电话，或虽在听，但语气相当不友善。

由于职业道德的约束，小丽的声音绝不能受情绪的丝毫影响，不能因为对方的粗鲁而任由自己也变得狂躁不安。因此，她继续使用优雅的语言与其对话。这时她惊奇地发现，那些语气冲得像是要从电话里伸出手来扇她一记耳光的客户慢慢平静下来。谈话最后与最初相比简直是判若两人，他们往往会变得非常客气，甚至能主动向她致谢。第一次她以为是碰巧了，可第二次，第三次，当她坚持以不变的曼妙声音和温柔态度对待不太友善的客户时，得到的都是同样的结果。

优雅的谈吐所传递的是一种温柔的态度，在这样的态度面前，所有的烦躁、粗鲁、不愉快都会瓦解。一个人的优雅可以营造出一个温馨的谈话氛围，形成一个神秘的磁场，让对方在潜移默化间认同某一种价值观，行为也随之发生微妙的变化。

露露是一个有着优雅谈吐的人，但这仅仅限于她心情很好的时候。一旦同事或上司在某些方面得罪了她，她就会火冒三丈，不管对方是谁，只管一股脑儿发泄自己的怨气。

有一次，露露正端坐着与同事聊天，无意中看见另外一位同事正在翻看自己的抽屉。她一下子怒火攻心，站起来，大声喝道：“卢晓川，你干吗呢？在我抽屉里翻来翻去，跟做贼似的。”被叫住的卢晓川知道露露的脾气，慢慢解释：“你在办公室啊，我以为你不在呢，老板喊你交企划案，我记得早上你说已经做好了，我就想找到了给你交上去，否则，误了提交时间，领导是要生气的。”听了解释，露露的火气并没降下来，反而愈演愈烈：“我的事不用你管，真是，少在那里瞎操心。”

不远处几个同事小声议论：“真搞不懂她，刚才还优雅得如同一只白天鹅，现在就活脱脱一只母老虎。”

想必，露露是大多数人在生活中的缩影吧！人天生就是情绪化的动物，有可能前一刻还在微笑，下一刻已经在哭了。因此，人们在说话时也很容易受到情绪的影响：心情不错，则会保持优雅从容的谈吐；生气的时候，则会拍桌子瞪眼睛，全然没有了优雅的姿态；紧张的时候，则会忸怩作态，不知道该说什么。对此，我们应该战胜不良的情绪，争做优雅的人。无论在什么时候，都要面带微笑，保持优雅的姿势，从容对答，千万不要被情绪搅乱了话语。

密钥

我们在说话的时候，需要时刻保持优雅的谈吐，而不要轻易被情绪左右。有的人在生气的时候，说话就毫不顾忌，抱怨、怒骂，甚至爆粗口。其实，如此说话会让你少了几分优雅，多了几分粗鲁，自然，也会大大地损害你在人前的良好形象。

逢人礼貌寒暄，展现你的热情

我们在每天的人际交往中，都在频繁地与人打招呼，招呼表示一种问候、一种礼貌、一种热情。我们千万不要忽视了一个招呼的作用，一个小小的招呼就是我们人际交往中的润滑剂。对同事的一个招呼，可以有效地化解彼此之间的敌意；对朋友的一个招呼，可以唤起双方之间深厚的友谊；对陌生人的一个招呼，可以减少彼此之间的陌生感。总而言之，一个招呼可以使人与人之间的关系更加和谐、融洽。特别是在与陌生人的交往中，恰到好处的一个招呼是必不可少的。

《塔木德》上说："请保持你的礼貌和热情，不管对上帝，对你的朋友，还是对你的敌人。"如果你能够奉行这一原则，就会在复杂的人际交往中获益匪浅。有时候，仅仅是一个看似不经意的招呼，会加深你在陌生人心中的印象，会增加陌生人对你的好感，会帮助你赢得陌生人的友谊，你们之间的关系也会在不经意间变得更加密切。

西蒙·史佩拉传教士是个犹太人，他习惯每日在乡村的田野之中漫步很长的时间。无论是谁，只要经过他的身边，他都会热情地向他们打招呼问好。他每天打招呼的对象中有一个叫米勒的农夫。米勒的田庄在小镇的边缘，史佩拉每天经过时都看到米勒在田间辛勤地劳作。

当史佩拉第一次向米勒道早安时，米勒根本没有理睬，只是转过身子，看起来就像一块又臭又硬的石头。在这个小镇里，犹太人与当地居民相处得并不好，他们更不可能把这种关系提升到朋友的程度。不过，这并没有打消或妨碍史佩拉传教士的勇气和决心。一天又一天地过去，他总是以温暖的笑容和热情的声音向米勒打招呼。终于有一天，农夫米勒向教士举举帽子示意，脸上也第一次露出一丝笑容。这样的习惯持续了好多年，每天早上，史佩拉会高声地说："早安，米勒先生。"那位农夫也会举举帽子，高声地回道："早安，西蒙先生。"这样的习惯一直延续到纳粹党上台为止。

当纳粹党上台后，史佩拉全家与村中所有的犹太人都被集合起来送往集中营，最后他被关押在一个位于奥斯维辛的集中营中。从火车上被赶下来之后，他就站在长长的行列之中，静待发落。在行列的尾端，史佩拉远远地就看到营区的指挥官拿着指挥棒一会儿向左指，一会儿向右指。他知道发派到左边的就是死路一条，发配到右边的则还有生还机会。他开始紧张了，越靠近那个指挥官，他的心就跳得越快，自己到底是左边还是右边?

终于，他的名字被叫到了，突然之间血液冲上他的脸庞，恐惧消失得无影无踪了。那个指挥官转过身来，两人的目光相遇了，他发现那位指挥官竟然是米勒先生。史佩拉静静地朝指挥官说：“早安，米勒先生。”米勒的一双眼睛看起来依然冷酷无情，但听到这声招呼后突然抽动了几秒钟，然后静静地回道：“早安，西蒙先生。”接着，他举起指挥棒指了指说：“右！”他边喊还边不自觉地点了点头。右，意思就是生还者。

一句简单的问候，竟挽救了史佩拉的生命。其实，礼貌和热情都是人际交往的润滑剂。正是那句真诚的问候感动了刽子手，史佩拉才得以生存下来。因此，我们在面对周围的陌生人时，尽可能地展现我们的礼貌和热情，主动打个招呼吧。

对于我们每个人来说，向一个陌生人打声招呼并不是一件困难的事情。这只是需要我们在见面时互相问候一声“早上好”“中午好”“晚上好”，即便只是一个微笑、点头，那也是一个招呼。

1.消除彼此的陌生感

也许，你们在初次见面，第一次打招呼的时候，双方都会觉得有点不自然，毕竟彼此是陌生的，也不会有多少的感触。但是，当你们第二次在大街上碰到，你不经意喊出对方的名字、跟对方打招呼时，对方就会觉得有说不出来的亲切感。并且，这种亲切感会随着你们一天一天地打招呼、彼此寒暄变得更加强烈，到你们再见面时，已经完全没有了疏离感，彼此已经不再陌生，甚至有可能会成为好朋友。其实，人与人之间的关系就是这样建立起来的，仅仅是一个招呼就足以让双方不再陌生。

2.拉近双方之间的距离

领导和下属打招呼，这看似很少见的举动正悄悄地拉近上下级之间的距离。这时候，领导不再高高在上，而是与下属像朋友一样地互相问候。领导与下属之间的关系是企业管理的核心，如果下属只是一味地惧怕领导，那么，这样的领导就不能进行有效的管理与沟通。当领导与下属因为一声招呼、一句问候而成为朋友之后，他们之间就是一种平等的关系，当工作出现问题时，双方就可以互相讨论如何来解决。因此，领导者要想管理好一个企业，处理好上下级之间的关系，不妨从打招呼做起。

密钥

有时候，即便没有挖空心思去与对方寒暄几句，只是打声招呼，就足以唤起对方心中的温暖。没有一个人能够拒绝温暖的微笑和热情的声音，这些不仅能够博得对方的好感，也会化解对方冰冷的心。

玩笑有度，少开不合适的玩笑

有的人喜欢开玩笑，以此来活跃气氛，消除双方之间的陌生感，这确实是一个与人建立融洽关系的有效方式。但是，也有不少人在初次见面时就向对方开玩笑，这可能导致事与愿违。其实，玩笑是不能随便乱开的，尤其是面对自己不了解的人，更不能随便向对方开玩笑。因为你稍有不慎或把握不当，不仅不能缓和气氛，还会适得其反，给双方关系造成难以弥补的裂痕，这也会直接导致我们人际关系的破裂。因此，你在不了解对方的时候，就不要轻易地向对方开玩笑。

我们不否认玩笑有它的作用性，如果你把握得当，确实能够活跃气氛，缓和初次见面的紧张感和生疏感；但这样的适度玩笑只有建立在合适的时间、合适的地点、合适的环境以及合适的对象身上，才会产生这么大的作用。相反，如果你向一个不了解的人随意地开玩笑，就免不了会产生误解，或者伤害到对方，甚至会给自己带来杀身之祸。

刘备进入蜀地之后，曾经与益州的刘璋在富乐山相会，当时正好碰到了刘璋的部下张裕。刘备见张裕满脸胡须，就开玩笑说："我老家涿县，姓毛的人特别多，县城周围都住满了毛姓人家，县令感到奇怪，就问：'诸毛为何皆绕涿而居呢？'"在这里，刘备借"涿"代"啄"，意在取笑张裕那张被一脸黑毛遮住的嘴巴。

不料张裕回敬道："从前有个人先是任上党郡潞县县长，后来又迁至涿县做县令。卸任回家后，他给人写信，在署名时犯了难，一时不知自称'潞长'还是'涿令'，最后只好署名'潞涿君'。"在这里，张裕也巧妙借此取笑刘备脸上无毛，立即引得满座哄堂大笑。当时，他们两人不过是开开玩笑，张裕并不在意这件事，刘备却因自己占了下风而一直耿耿于怀。

后来张裕投到刘备麾下，刘备竟找了个借口，要杀张裕。诸葛亮请刘备宣布张裕罪状，刘备说不出什么理由来，竟称："芳兰当门而生，不得不锄去也。"

张裕对刘备一点都不了解，就对其玩笑进行回敬。哪晓得刘备心眼小，一直因自己占了下风而耿耿于怀，于是张裕就这样因为一句玩笑话而掉了脑袋。

当我们与陌生人交谈的时候，为了消除双方之间的陌生感，适当的玩笑是可以的。但是，在不了解对方的情况下，开玩笑更需要慎重，既要选择合适的场合、合适的环境，又需要考虑到对方的性格特征、对方当时的情绪，除此之外，我们还需要把握好玩笑的内容，确保是内容健康、情调高雅的。若你把所有的因素都考虑进去了，再向对方开适度的玩笑，那么，可以为你在对方心中的印象加分不少。

1.合适的场合

向对方开玩笑也需要选择合适的场合，不能任意在什么场合都开玩笑。比如，在一些庄重的集会或重大的场合就不适宜开玩笑，还有一些有着浓厚悲伤氛围的场合，也不宜开玩笑。这样的场合情况下，如果你向对方随意开玩笑，对方只会增添不悦的情绪，进而对你没有任何好感。因此，开玩笑需要选择合适的场合，必须是双方都处于心情愉悦的情况下，你的玩笑才能够发挥出它的作用。

2.对方的性格

每个人都有不同的性格，有的人活泼开朗，有的人爽快豁达，有的人比较内向，有的人则比较敏感。我们在面对不同性格的人时，要注意因人而异。如果是面对个性比较开朗的人，则可以适当地开玩笑，活跃气氛；如果是面对比较敏感的人，则不宜开玩笑，否则有可能会伤害到对方。另外，对女性，开玩笑要适度；而对于老人，开玩笑则需要注意到给予对方尊重。总之，你开玩笑应在不伤害对方自尊心的前提之下进行，开玩笑的目的是营造出轻松愉快的谈话氛围。

3.对方的情绪

你在向对方开玩笑的时候，还需要考虑到对方的情绪。如果对方正情绪低落，或者正处于极度悲伤中，你就不应该向他开玩笑，否则别人会以为你是在幸灾乐祸。开玩笑的时机应是在双方心情都保持愉悦的情况下，或者双方之间出现了点小矛盾，你可以通过开玩笑使对方心情有所好转。

4.内容健康、情调高雅

当你在开玩笑的时候，还需要选择健康、高雅的内容。尤其你在面对对方的时候，切忌拿对方的缺陷来开玩笑，把自己的快乐建立在别人的痛苦之上。还要避免开庸俗无聊、极具低级趣味的玩笑。开玩笑的内容应既是健康、情调高雅的，又能够启迪人、教育人，还能使你们在欢笑之余从中学到更多的东西。

密钥

一般而言，玩笑是人际交往中的润滑剂，能够缩短交往双方的心理距离，进而活跃气氛，化解尴尬的窘境。如果你能够在交际中恰当地运用这一技巧，你会成为交际中的高手。但是，你一定要记住：开玩笑也需要合适的场合、合适的环境，面对合适的对象，这样才能使玩笑发挥出更大的作用，进而助你建立融洽的人际关系。

第03章　以情动人，迅速拉近人际关系

一句话是否感动人心，在于是否有情。说话好听，不仅在于言语的搭配，技巧的运用，还在于话语是否带感情。语带真诚，不夹杂太多的功利因素，便可以在社交场合左右逢源，成为人人称赞的气场王。

从共同话题入手，迅速拉近彼此关系

许多拜访过罗斯福的人，都会对其广博的知识感到惊奇，而且他无论和谁都有共同话题。不管面对的是纽约政客，还是一位外交家，罗斯福都知道与对方谈论些什么。有人问罗斯福是如何做到这一点的，他回答："我每接见一位来访者，都会在前一晚了解一些这位客人特别感兴趣的东西，以便找到令人感兴趣的话题。"心理学认为，每个人都有自己的兴趣，都对和自己有共同兴趣的人有着特殊的好感。

美国著名的柯达公司的创始人伊斯曼，捐赠巨款在罗彻斯特建造一座音乐堂、一座纪念馆和一座戏院。为承接这批建筑物内的坐椅，许多制造商展开了激烈的竞争。但是，找伊斯曼谈生意的商人无不乘兴而来，败兴而归，一无所获。优美座位

公司的经理亚当森也在竞争者之列，他十分希望能够得到这笔价值9万美元的生意。秘书却事先申明："我知道您急于得到这笔订单，但我现在可以告诉您，如果您占用了伊斯曼先生5分钟以上的时间，您就完了。他是一个很严厉的大忙人，所以您进去后要快快地讲。"亚当森微笑着点头称是。

亚当森走进办公室，看见伊斯曼正埋头工作，于是静静地站在那里仔细地打量起这间办公室来。一会儿，伊斯曼抬起头来，问道："先生有何见教？"刚开始亚当森没有谈生意，而是说："伊斯曼先生，刚才我仔细地观察了您这间办公室。我本人长期从事室内的木工装修，但从来没见过装修得这么精致的办公室。"伊期曼回答说："哎呀！您提醒了我差不多忘记了的事情。这间办公室是我亲自设计的，当初刚建好的时候，我喜欢极了。但是后来一忙，一连几个星期我都没有机会仔细欣赏一下这个房间。"亚当森走到墙边，用手在木板上一擦，说："我想这是英国橡木，是不是？意大利的橡木质地不是这样的。""是的，"伊斯曼高兴得站起身来回答说，"那是从英国进口的橡木，是我的一位专门研究室内橡木的朋友专程去英国为我订的货。"伊斯曼心情极好，便带着亚当森仔细地参观起办公室来了，一边参观一边作详细的介绍。

此时，亚当森微笑着聆听，他看到伊斯曼谈兴正浓，便好奇地询问起他的经历。伊斯曼便向他讲述了自己苦难的青少年时代的生活……亚当森由衷地赞扬他的功德心。结果，亚当森和伊斯曼谈了一个小时，又一个小时，一直谈到中午。

虽然亚当森直到告别的时候都没有谈到生意，但最后，他不但得到了大笔的订单，还和伊斯曼成为了好朋友。

亚当森成功的诀窍，就在于他善于挖掘共同的话题，从伊斯曼的办公室入手，巧妙赞美了对方的成就，这样使伊斯曼的自尊心得到了极大满足，最终亚当森也达到了自己的目的。如果他刚开始就大谈生意，不仅他自己将面临被拒绝的尴尬，也会使对方产生排斥心理。

1.激起对方说话的欲望

在沟通过程中，我们应该率先向对方传递友好的信息，激起对方说话的欲望。当你的话题使对方产生了浓厚的兴趣后，对方就会不由自觉地打开话匣子。所以，当谈话出现了尴尬场景的时候，一定要通过话题激起对方的兴趣，使谈话能够持续下去，比如，“看来你对书法挺有研究的”。

2.有效地提问

适时的提问会帮助你找到共同话题，当然，提问也是需要技巧的。为了不至于造成尴尬情境，应该尽量把问题控制在自己比较擅长的范围之内，问题宜具体，比如，“你喜欢去哪个国家旅行？”这样你就可以围绕旅行途中发生的趣事展开一个话题了。

3.找到对方感兴趣的话题

每个人都有自己感兴趣的事物或话题，我们不妨去迎合对方的兴趣，积极主动地寻找出共同话题，这比漫无目的地乱说一通强一百倍。比如，你了解到他以前是一个歌手，那么你就可以说，“那时候唱歌辛苦吗”“感觉你声音很独特，唱歌肯定很好听”。

密钥

当对方听到你对他的兴趣爱好也这么感兴趣，还如此了解的时候，他就会产生“同好”心理而对你倍感亲切。谈论共同的话题，无形之中是对他人的赞美与肯定，也会使你获得好感，从而消除彼此的尴尬心理，达到影响他人心理的目的。

表达共同点，让对方感觉惺惺相惜

同理心是指在人际交往中，能够体会对方的情绪和想法，理解对方的立场和感受，并站在对方的角度思考和处理问题的心理。换句话说，同理心就是站在对方立场思考的一种方式。把自己当成对方，想象对方是由于何种心理导致了这样或那样的结果最后触发了整件事情。在整个心理过程中，由于自己先接纳了这种心理，所以也就接纳了对方的这种心理，最后也更容易谅解这种行为和事情，这与古人所说的“己所不欲，勿施于人”如出一辙。在人与人的沟通过程中，同理心始终扮演着重要的角色。

保险员李小姐一进门，便开门见山说明来意：“李先生，我这次是特地来请您和太太及孩子投人寿保险的。”王先生异常反感地说：“保险是骗人的勾当！”李小姐并没有生气，微笑着问道：“噢，这还是第一次听说，您能给我说说吗？”王先生说：“假如我和太太投保三千元，这三千元现在可买一部电脑，二十年后再领回的三千元，恐怕连电视机都买不到了。”小姐又好奇地问：“这是为什么呢？”王先生很快地回答：“一旦通货膨胀，物价上涨，即会造成货币贬值，钱就不经花了。”通过这样的问答，李小姐对王先生内心的忧虑已基本了解。

李小姐首先维护王先生的立场：“您的见解有一定的道理。假如物价急剧上涨，三千元不要说连电视机都买不了，怕只够买两棵葱了。” 王先生听到这里，心里很高兴。接着，精明的李小姐又给他解释了这几年物价改革的必要性及影响当前物价的各因素，进一步分析我国市场经济的发展前景，并指出以王先生的才能和实力，收入可望大幅度增加。说也奇怪，经李小姐这么一说，王先生开始面带笑容，两人相谈甚欢，当然，李小姐最终获得了成功。

李小姐成功的秘诀就在于利用同理心说话，站在对方的立场来思考，设身处地，洞悉对方的心理需求，再进行引导，影响对方心理，最终说服了王先生。由此可见，灵活地运用同理心说话能够有效地影响对方心理。

卡耐基租用了某旅馆大礼堂讲课。一天，他突然接到通知，租金要提高三倍。卡耐基前去与经理交涉。他说：“我接到通知，有点震惊，不过这不怪你。如果我是你，我也会这么做。因为你是旅馆的经理，你的职责是使旅馆尽可能盈利。”紧接着，卡耐基为他算了一笔账，主动指出将礼堂用于办舞会、晚会，当然会获大利。“但你撵走了我，也等于撵走了成千上万有文化的中层管理人员，而他们光顾贵旅社，是你花再多的钱也买不到的活广告。那么，哪样更有利呢？”经理被他说服了。

卡耐基所使用的口才心理策略——“如果我是你，我也会这么做”，其实就是同理心。当他站在经理的角度考虑时，经理已经降低了防备心理，然后卡耐基抓住了经理的兴奋点，使经理心甘情愿地把情感的天平倾向了卡耐基这边。

那么，我们如何利用同理心说话，与对方惺惺相惜呢？

1.赞同对方

当对方表露出与自己全然不同的想法时，你应该以同理心说话，如，“你的话有一定的道理……”并通过语言分析强化对方想法的正确性。

2.站在对方的角度

汽车大王福特说："假如有什么成功秘诀的话，那就是设身处地替别人着想，了解别人的态度和观点。"当对方说出了自己的决定时，我们应该强调对方这种做法的合情合理性，了解对方现在的心理矛盾，以同理心影响其心理，再巧妙地说服对方。

3.展现亲密感

当你仔细观察对方身上所具备的特征之后，你会发现在你们之间其实也有许多相同点，而你需要的就是传递出"咱们都是一家人"这样的信息，通过同理心来影响对方，比如，"张先生，我也姓张，咱们五百年前可是一家人啊""王姐，您也是东北人啊，真是太巧了，我也是东北的"。

4.诉说相同的经历

相同的经历会带来相同的感受，有了相同的感受自然会惺惺相惜，我们要巧妙地利用同理心说话，比如："你以前在广东工作过？我早些年也在广州工作过。""李姐，咱们做女人真的是不容易啊，既要照顾家庭，又要照顾孩子，生活压力真大啊！"以此来影响其心理，达到说服对方的目的。

密钥◆◆◆

利用同理心说话，就是站在对方的角度，同情、理解、关怀对方，接受对方的内在需求，并感同身受地予以满足。利用同理心说话，可以从对方言语的细微处体察对方的心理需求，从而通过语言营造出惺惺相惜的感觉，最终影响其心理。

说话直击人心，迅速打动对方

聪明人在说服对方的时候，懂得去暗合对方的心理，这样能让他人感到被尊重。当然，在说话时利用语言来暗合对方的心理，需要合得巧妙，千万不能让对方看出破绽。在日常生活中，面对不同的场合、不同的对象，每个人都有自己的心理，有着不同的心理需求。当我们在与对方进行语言交流的时候，需要从对方的言语中探出其心理需求，或者通过察言观色来洞悉对方的心理，再通过语言表达来暗合对方的心理，令对方无法反驳。

安东尼·提莫克是新英格兰穷牧师的儿子，刚刚从菲利浦斯学院毕业，18岁的他还处于人生事业的起步阶段。他在替一个商人干点杂活，挣着一个星期一块半的工资。老板觉得他是个十分聪明的小伙子，就让他去销售铁路公债券。所以，安东尼·提莫克希望能与纽约银行行长摩西·泰勒说几句话。他知道泰勒对铁路很有兴趣，但自己怎么做才能引起这位银行行长的注意呢？

那天，当安东尼·提莫克走到泰勒的办公桌面前时，泰勒正烦躁地对一个饶舌的人说："说正题！说正题！"不一会儿，泰勒就摇了摇头，把那个人赶了出去。接着，他向安东尼·提莫克点头，示意他过去。安东尼·提莫克把公债券放在了办公桌上说："97。"泰勒很奇怪地看了他一眼，拿过他的支票簿问："你的老板叫什么名字？""伯兰克先生。"提莫克回答。签好了支票后，泰勒又问："伯兰克先生给你多少回扣？""0.25%。"提莫克继续回答。"太少了，你管他要1%的回扣，如果他不付给你，我就替他付。"泰勒开玩笑道。就这样，提莫克成功地把公债券卖掉了，同时，他也成功地使行长注意到了他。三年后，他成了百万富翁。

提莫克凭借着敏锐的眼光，看出泰勒是一个有着强烈脾气的人，他喜欢使用简洁的语言，讨厌那些不必要的繁文缛节。所以，当提莫克了解了泰勒的心理要求之后，他就一直使用简洁的语言来回应他，不说一句废话。这暗合了泰勒的心理，泰勒也就不必大声说"说正题"，在嘴上为难提莫克。

提莫克之所以能成功，是因为他懂得这样一个心理策略的重要性，那就是：从最细微的细节里去暗合他人的心理。

小娜是一位节油制汽车推销员，这天，她约见了一位客户，一开口她就礼貌地询问："先生，请教你熟悉的一个问题——增加贵店利润的三大原则是什么？"客户好像很乐意回答这样的问题，他回答："第一，降低进价；第二，提高售价；第三，减少开销。”小娜立即抓住话题说下去：“你说的句句是真言。特别是开销，那是无形中的损失。如汽油费，一天节约20元，你想过有多少吗？如果贵店有3辆车，一天节省60元，一个月就有1800元。发展下去，10年可省21万元。如果能够节约而不节约，岂不等于把百元钞票一张张撕掉？如果把这一笔钱放在银行，以5分利计算，一年的利息就有1万多元，不知您高见如何，觉得有没有节油的必要呢？”听了小娜这样的分析，客户觉得很有道理，最终购买了节油制汽车。

小娜的话语暗合了客户的心理特点：既然汽车可以节油，为什么还要继续“浪费”下去呢？于是，他就会想方设法用节油车来结束之前“浪费”的恶劣情况，最后不得不购买节油制汽车。

那么，在日常交际中，我们该如何来暗合对方心理呢？

1.适时赞美，满足其虚荣心

在日常交际中，赞美的话不可或缺，它就如沁人心脾的淡淡花香，会在不知不觉中渗入对方的心灵，让他们沉醉不已。比如：“经理，您把那事谈成了？怎么谈的？以后你可得教教我，我要拜您为师。”“王总，这么大的工程，您一个人就给搞定了，可真了不起，不过您可要注意身体啊！

2.把话说到心窝里，满足其自尊心

每个人都有脆弱而敏感的自尊心，因此，我们在说话时要考虑到对方的自尊心，适时把话说到对方的心窝里，比如，“小伙子，你提出的建议真不错，我得好好谢谢你”。对方听了这样的话，他会觉得自己所做的很值得，心理得到了极大的满足后，也不会再有什么反对意见了。

密钥◆◆◆

每个人都比较自我，当对方的言语触碰了心里的禁忌的时候，他们像被攻击的刺猬一样，用尖锐的语言反击对方，为难他人。鉴于这样的心理特点，为了获得对方的好感与信任，我们需要了解对方的心理需求，同时，还需要通过语言来暗合对方的心理，这样才会说服对方，令对方无法反驳。

赞美，是最好的沟通润滑剂

美国历史上第一个年薪过百万的管理人员叫史考伯，他是美国钢铁公司总经理。记者曾问他：“你的老板为什么愿意每年付你超过100万元的薪金，你到底有什么本事？”史考伯回答：“我对钢铁懂得并不多，我的最大本事是我能使员工充满干劲。而鼓舞员工的最好方法，就是给予他们真诚的赞赏和鼓励。”把话说白了，史考伯年薪过百万,是因为他善于赞美他人。每一个人都渴望受到别人赞美，希望自己的价值得到认可，这主要是源于人类的自尊心和虚荣心。

赞美是一种说话的艺术，合乎人们的心理，精准的赞美言辞会使人感到开心和快乐。在日常交际中，渴望获得赞美的人不计其数，因此赞美的言辞不可或缺。事实上，我们可以通过赞美的言辞来影响他人心理，满足其自尊心和虚荣心，最终赢得对方的好感与信任。

一次，曾国藩用完饭后与几位幕僚闲谈，评论当今英雄。他说："彭玉麟、李鸿章都是大才，为我所不及。我可自许者，只是生平不好谀耳。"一个幕僚说："各有所长——彭公威猛，人不敢欺；李公精敏，人不能欺。"说到这里，他说不下去了。曾国藩问："你们以为我怎么样？"众人皆低头沉思，忽然走出一个管抄写的后生来，插话道："曾帅仁德，人不忍欺。"众人听后皆拍掌称是。曾国藩十分得意地说："不敢当，不敢当。"

后生告退后，曾国藩问道："此是何人？"幕僚告诉他："此人是扬州人，入过学，办事还谨慎。"曾国藩听后说："此人有大才，不可埋没。"不久，曾国藩升任两江总督，就派这位后生去扬州任盐运使。

那位后生不过是一句话，就得到了曾国藩的赏识，同时，改变了自己的命运，这真可以说是"一言定升迁"。究其原因，就在于那位后生说出了对曾国藩的赞美之词——"曾帅仁德，人不忍欺”，大大地满足了曾国藩的自尊心，赢得了曾国藩的信任与好感。

卡耐基曾说：“当我们想改变别人时，为什么不用赞美来代替责备呢？纵然部属只有一点点进步，我们也应该赞美他。因为，那才能激励别人不断地改进自己。”赞美，不仅满足了对方的心理需求，而且能够增强对方的自信心，促使对方不断地取得进步。

清朝时，一名叫彭玉麟的官员，有一次路过一条狭窄的小巷。一个女子正在用竹竿晾晒衣服，一不小心竹竿掉下，正好打在彭的头上。彭勃然大怒，指着女子大骂起来。那女子一看，正是官员彭玉麟，冷汗不禁冒了出来。但她猛然间急中生智，便正色地说：“你这副腔调，像行武的人，所以这样蛮横无理。你可知彭官员在我们此地！他清廉正直，假使我去告诉他老人家，怕要砍了你的脑袋呢！”彭玉麟一听这女子夸赞自己，不禁喜气上升，又意识到自己的失态，马上心平气和地走了。

女子那番赞美并不是当面夸赞，却胜过了当面赞美，几句话就说得彭玉麟心里美滋滋的——原来自己在民间有这么好的名声，实在不应该为这些小事情而生气。于是，彭玉麟转怒为笑，心平气和地走开了。那位女子正是巧用赞美之词化解了自己的困境，足以见得赞美言辞的影响力。

那么，什么样的赞美言辞才能够有效地影响他人心理呢？

1.赞美对方不为人知的优点

即使再差的人，也有那么一两处不为人知的优点，这时候我们可以巧妙地利用。比如，“你的这件礼服真漂亮”“你的发型真好看”“你这身打扮真有气质”，这样的赞美会使对方感到高兴的。

2.赞美要具体而微

在日常交际中，我们要善于发现对方的细微之处，并不失时机地予以赞美，赞美言辞用得越具体就越有效果，比如，“认识你这么久了，还不知道你的厨艺那么棒”。

3.赞美要有新意

赞美的言辞不能千篇一律，要有新意，一般而言，一些突出个性、有特点的赞美会收到更好的效果。比如，爱因斯坦这样赞美比利时的王后：“您演奏得太好了！说真的，您完全可以不要王后这样职业。”

密钥

生活中是不能缺少赞美之词的，有了赞美才有了愉悦的心情，才能与他人建立和谐友好的人际关系。我们不仅要学会赞美，更要不吝于赞美。每个人都有闪光点，当我们发现了对方的优点之时，就要大方开口赞美。

Part 2

找对方法，有效沟通

§

沟通顺畅，在生活、工作中非常重要。沟通不畅，就好像水管堵塞，其后果可想而知。学习沟通，一定要懂得讲究方法。毕竟它不只是语言，还包括动作、姿态、眼神、表情等，而且沟通的目的、时间以及对象都需要很好地把握。

§

第04章　按部就班，一步步获得高效沟通的知识

沟通，即是为了某种目标，把信息、思想和情感在个人或群体间传递，达成共同协议的过程。想要促成一次有效沟通，需要把握好沟通的步骤：事前准备、确认需求、阐述观点、处理异议、达成协议、共同实施。

博学多识，开口才能言之有物

对于说话者来说，要善于在自己的语言中渗透知识性，说话既深刻又有力度，这样才能尽可能地给听众提供更多的有价值的信息，让人感觉到“听有所获”，而不是觉得“白听了”。一个人的发言直接体现了其认知水平和知识含量，如果说话没有深度、没有知识，那听众是不可能肯定他的说话水平的。说话的内容要有知识性，要充实具体、言之有物。要想做到这一点，就需要说话者多读书，积累更多的知识，因为一个拥有好口才的说话者，肯定是一个拥有广博知识的人。

说话，其实就是把自己肚子里的“货”倒出来，如果肚子空空如也，那如何能展现自己的好口才呢？因此，要想做一个能说会道的人，就一定要注重自己的知识储备，只有自己拥有

丰富的知识储备，才能够自由随意地讲故事、说民谚，在任何时候都能够把知识信手拈来。

战国时的张仪为推行“连横”立下了汗马功劳，被誉为有“三寸不烂之舌”。他之所以能所向披靡，一个重要因素是他在说话的时候能够把自己的知识融入其中，言之有物，讲话内容充实具体。他充分了解各国的形势和军事力量，了解各国国君和将士的心理，从而对自己的游说目标非常明确，使被劝说者心悦诚服。

培根说：“读书足以怡情，足以博采，足以长才。”杜甫说：“读书破万卷，下笔如有神。”说话也是如此，读书多的人，往往能出口成章，说得精彩；读书少的人，或者口齿木讷，或者不着边际，很多时候都是在重复堆砌一些辞藻。说话者想要避免套话、虚话、空话连篇等“话”风不正的问题，就必须多读书，注意吸取古今中外思想文化的营养，开阔视野，拓宽知识面。

人们看电视节目往往是为了放松心情，忙碌了一天后，精神疲惫，希望能通过娱乐性较强的节目来放松自己，使自己得到休息。在这种情况下，人们很少会想到通过节目来积累知识和说话素材，他们更容易被那些娱乐性节目吸引，如选秀节目、肥皂剧等。诚然，并不是说娱乐性的节目就不能挖掘到可用的素材，而是相比较那些有品位的节目，这些娱乐性节目为我们提供的说话材料会相对比较少而已。虽然，看电视节目是一种休闲活动，但我们还是需要尽量选择那些更有品位有价值的节目。

《杨澜访谈录》是由杨澜创办并亲自主持，与上海东方卫视合作的一档访谈类节目。该栏目以精彩人物、精彩话题为主要特色，关注人的性格特征和独到见解，以历史的深度和广度，表现个体与社会的相互作用，寻找人类智慧的光芒。节目定位锐意求新，突出人文和国际化特色。

《杨澜访谈录》自1998年1月创立，已访问包括美国前国务卿基辛格、美国著名电视主持人克朗凯特、中国前副总理钱其琛、澳门行政区前行政长官何厚铧、前国家主席刘少奇夫人王光美、中国台湾作家李敖、中国著名声乐教育家周晓燕和国际传媒大亨默多克等在内的数百位来自海内外的在政治、经济、科技、文化等领域具代表性的知名人士。

如果你能长时间观看此类访谈节目，你就可以从中了解政治、社会、文化、经济等各方面的不同知识，从而增长自己的见识，拓展自己的视野。

1.尽量多积累知识

一个知识贫乏的人往往会鼠目寸光，显得胸襟狭隘，说话肤浅没有深度。这样的一个人如果被邀请发表讲话，很有可能当众被哄下台。

说话者对于知识的积累、材料的占有就如“韩信点兵，多多益善”。从语言的运用来看，知识无疑是思想、感情得以成功的土壤，知识也是口才能够闪耀光彩、释放魅力的基础。如果你拥有丰富的知识，不管你身处何时何地，都可以随机应变、左右逢源。

2.善于思考

积累了一定的知识后，还需要善于思考。只有善于思考，才能出观点、出新意。不然就会人云亦云，没有真知灼见；就会老生常谈，提不出新思路、新见解。真正鲜活生动、富有创造性的见解与深入的思考是分不开的。

密钥

对于说话者来说，就算不是为了追求“黄金屋”“颜如玉”，也可以通过读书收到提高说话水平的效果，我们可以这样说，“书中自有影响力，书中自有个人魅力”。古今中外伟大的政治家、演说家，无一不是博览群书的。书里的知识给他们带来智慧，让他们才思敏捷，让他们具备了与众不同的素养，也让他们在说话时拥有出众的表现。

绕个弯子，开口前先营造和谐氛围

在生活中，我们运用各种方式沟通和交流，其实，人际间的沟通是一个相当复杂的互动过程，包含了很多因素。在众多的沟通方式中，谈话是一种最常用的方式，而谈话的目的是思想、情感的交流和观点、情绪的碰撞。在交谈过程中，人们常常忽视了一个影响谈话效果重要因素——良好的谈话氛围。许多人一开始并不注重这个问题，直到谈话真正陷入了尴尬之中，才意识到双方的谈话氛围很糟糕，根本达不到谈话的理想效果。

人的思维流程有两个基本渠道，一是独立思想，二是主客交流或刺激产生反应，后者是谈话过程中必不可少的。有时候，常常是因为谈话氛围的尴尬，使得对方的言谈变得拘谨、僵硬，在这样的状态下，人们很难流露出自己的真实想法，一般都是说空话、大话。著名主持人崔永元在《不过如此》中写道："好的谈话就像漫步聊天，话题忽上忽下，忽左忽右，却不会偏离主题。一会儿，你是谈话的组织者，一会儿，他是谈话的发起者。有话则长，无话则短，因为轻松所以避免不了言不由衷。"可见，营造一个良好的谈话氛围对于谈话有多么重要。

崔永元是《实话实说》谈话节目的主持人，据说，他是一个善于营造轻松谈话氛围的高手。他在每次录制节目之前，都要在现场做个热身，或讲故事或说笑话，特别善于缓和嘉宾的紧张情绪。

有一次，在节目开始录制之前，一个小嘉宾问崔永元：“今天谁是主持人？”崔永元回答说：“今天的主持人就是我。”没想，那个小嘉宾说：“叔叔，你长得这么难看，还当主持人啊？”听了这话，即使身经百战的崔永元也感到手足无措，但是过了一秒钟，他灵机一动，回过头把刚才小嘉宾的话告诉了现场的观众，与大家一起分享这个尴尬。顿时，现场一百多人都笑了，而且响起了阵阵掌声，这掌声给崔永元以自信，现场被一种很轻松的气氛包围着。就这样，节目顺利地进入了录制阶段。

在谈话中，最忌讳的就是出现尴尬的场面。在这里，崔永元感到了尴尬，他知道如果自己不说话，那么整个交流就陷入了难堪，这会影响到节目的录制。于是，善于调节谈话气氛的崔永元当即把自己的尴尬大方地讲出来，与现场一百多人分享自己的难堪。表面上看这是很愚笨的方式，但这一做法赢得了观众的阵阵掌声，在那一瞬间，轻松的气氛又回来了，使整个谈话节目得以顺利进行下去。

那么，什么才能算是良好的谈话氛围呢？一般而言，良好的谈话氛围是轻松而随意的，你三言，我两语，没有防备，没有顾虑，每一句话都是发自内心的。在交谈过程中，我们可以通过以下几种方法来营造良好的谈话氛围。

1.真诚地融入谈话中

不管你是大老板还是平民百姓，在与他人谈话的时候，不要有任何附带的角色，不要因为你是大老板就表现得很嚣张，也不要因为你是普通百姓而自卑。我们需要淡化社会角色意识，以真实的面目进入谈话中，这样才能表达出自己最真实的思想感情。

2.以“点”为契机

由于我们所面对的谈话对象的地位、身份、职业、年龄、性别、学识的不同，势必需要我们以不同的方式、手段来营造一个对方最容易接受的轻松的谈话氛围。而这个良好的谈话氛围需要以“点”为契机，这个“点”可以与话题直接相关，也可以与话题间接呼应。有时候，原本是一个很严肃的话题，也可以从最轻松的话题入手。

3.言辞诚恳，表现自己的亲切感

在谈话过程中，亲切感是人们接受的前提，因为亲切感可以消除对方的紧张情绪，从而消除交流中的障碍因素。当然，心理上的亲和来自诚挚的态度，在谈话的时候，我们应该保持诚恳的口吻、亲切平易的心态，这是获得他人认同的必要条件。

4.适时幽默

幽默是顺利进行谈话的“润滑剂”，不过，有时候，你的幽默不一定得到他人的回应，这时，你需要考虑幽默是否适时。在交谈过程中，具备幽默感是一种能力，而运用幽默、适时幽默则是完成双向交流的另一种本领。幽默本身是最能营造和谐、轻松乃至理想的谈话环境的，而且，幽默并不是讲笑话这样简单，而是一种良好心理素质的直接反映。

密钥

良好的谈话氛围对于谈话有很好的促进作用，毕竟，谈话的目的是交流思想感情，这就需要双方说出自己最真心的话语。而轻松的氛围能让人卸下伪装，卸下防备心理，从而进入一种随意的谈话场景，这样一来，就不会出现“言不由衷”的情况了。

言语试探，一步步探寻对方的真心

在日常工作中，与客户谈判常常我们工作的重要内容。而现代商务谈判均是以互惠互利为目的，以洽谈磋商为手段，这就免不了要与对手进行一番正面的交锋。甚至，我们可以说谈判其实就是一场心理战，谁能掌握主动权，谁就能赢得最后的胜利。

俗话说："知己知彼，百战不殆。"在一番心理较量中，如果我们能有效地识破对手的真实意图，无疑是为整个谈判的成功赢得了最佳的机会。必要的时候，我们可以利用对方的底牌给予适当的压力，这会令对方更容易作出决定，他会在压力之下不得不答应我们的要求。所以，面对对手，我们要有信心去打好一场心理战，在心理较量中识破对手的真实意图，以此达到自己的谈判目的。

20世纪80年代，我国与突尼斯SIAP公司的商务技术代表就在我国兴办化肥厂的有关事项进行谈判。中突双方都非常重视这个建设项目，几经磋商后，双方选择了具有优越港口条件的秦皇岛市作为建厂地点。可行性研究报告刚完成，科威特石油化学公司得此消息，便立即表态，愿参与此项目，与中方合资办厂，并派出了谈判代表。

可是，出乎意料，在谈判一开始，对方听完我方介绍的该项目的前期工作，就断言："厂址选在秦皇岛不合适，你们所做的一切工作都是毫无用处的，要从头开始！"这话无异于晴空霹雳，我方一时难以提出反驳意见，谈判陷入僵局。我方代表愣住了，没想到对手一来就是一个下马威，显然是想以嚣张气焰逼迫我方败下阵来，顺从地答应他们提出的条件。可是，对手不过也是唬一唬人而已，放弃秦皇岛并不是他的真实意图，他真正的意图是以最少的代价征用秦皇岛的土地。这样想来，弄清楚了对手的真实意图后，我方代表心生一计。

我方一代表猛地起身发言："我们为了建设这个化肥厂，安置了……看来这事项要无限地拖延下去了，那我们也只好把这块地让出去！对不起，我还有别的事情需要料理，我宣布退出谈判，今天下午我等候你们最后的决定！"三十分钟后，情势急转直下，对方表态："快请代表先生回来，我们强烈要求迅速征用秦皇岛的厂地！"

谈判最终取得成功的秘诀在于，我方代表识破了对手的真实意图：他只是想以最小的代价征用土地，并不敢真正地舍弃秦皇岛这个占据优势的地理位置。于是，我方代表巧妙应付，向对手表示"那我们只好把这块地让出去了"。没想，这样一说，真的吓坏了对手，一下子击中了对方的要害，令其不得不降服。

在谈判过程中，我们需要灵活使用心理战术，以此来识破对手的意图，如此才能抢得先机，才能赢得谈判的最后胜利。

1.以静制动，谋定而后动

在谈判中，以静制动，就是敌不动我不动，静观其变。在双方的对峙中，你若按捺不住，四处乱动，那么，你的胜算就会少之又少；如果你能以静制动，那么，你会逐渐转化自己的劣势为优势，而且，在这等待的过程中，你能够通过对手表现出来的言行来识破他的真实意图，这样，对手就处于被动地位了。

2.懂得退让，才能识破对手的底牌

在谈判过程中，若是紧紧相逼，不仅不能识破对方的真实意图，反而会使自己陷入难堪的境地，因此我们需要懂得退让。另外，让步不能一步到位，而应该一步一步地退让，而且让步也不能太早，过早地让步往往会导致己方后悔莫及。但是，若关键时刻不肯让步，也容易导致谈判破裂。大多数情况下，当对方已经到了让步的最后阶段时，我们可以适当作出让步，让谈判得以顺利进行。

关键的是，在让步之前可以做一些假设性提议，试探对方。比如，“如果我们把价格降低5%，您能确定和我们签约吗？”这样不会让你受到约束，也可以帮助你识破对方的真实意图。

密钥

所谓“商场如战场”，面对强有力的对手，我们不仅要具备良好的心理素质，更需要通过对手表现出来的细枝末节去揣摩其真实意图。简单地说，你需要知道对手手中拿着的最后一张王牌，否则，你只会败下阵来。

将非语言运用到沟通中

凡是通过手势、姿态、眼神和面部表情来进行信息传递、思想沟通、感情交流的活动方式，统统称为态势语言。虽然人们已经了解态势语言在人际交往中的作用，但真正将态势语言有效地运用到人际交往中不是一件很容易的事。它需要我们做到两件事情：一是理解别人的态势语言，二是恰当使用自己的态势语言。

态势语言往往能够比口头语言表达出更多的信息。态势语言，虽不是由口部发出的语言，却起了极大的辅助作用。所以，作为一名说话者，你要实施自己的行为，准确、有效地表达自己的意向和感情，就必然需要运用态势语言。就像人们常说的“我一看你就知道你要说什么”，这就是利用态势语言传播信息。

态势语言的内涵主要表现在以下几个方面。

1.人类语言的精华

罗曼·罗兰曾经说过：“面部表情是多少世纪培养成功的语言，是比嘴里讲的更复杂千百倍的语言。”在信息表达中所占比例较高的态势语言是一种最古老、最原始的交际方式，是历史最悠久且必不可少的交际方式，也是人类思维及其表现形式——语言的长期积淀物，是人类语言的精华。态势语言艺术的高低往往在一定程度上决定着说话者水平的高低，决定着活动能否有效地开展。大量事实说明，在沟通的语言艺术中，态势语言艺术具有重要地位。

我们所进行的一系列活动，在某种程度上看，就是一个以协调、组织为主要内容的信息表达过程。而在这一过程中，如果我们能够有目的、有意识地引进态势语言，对于提高我们的信息表达水平，一定会起到重要作用。

2.形成最佳第一印象的关键

我们的第一印象的形成更需要态势语言的参与。如果我们态势语言得体，给人们的第一印象好，那么，之后，人们对于我们的语言、行为等就容易向好的方面推理，有利于为自己树立良好形象和威信；相反，如果态势语言拙劣，给人们的“第一印象”很糟，简单地说，就是“头三脚”踢不出去，那么，我们想扭转这种不良印象，难度就会加大许多倍。因此，作为一名说话者，你必须十分重视态势语言艺术的培养。

3.传达和联络感情的“信使”

在与人们的交往中，可以通过观察对方的态势语言，有效地洞察对方的心理，了解对方的行为目标，巧妙地掌握对方的意图。这样有利与对方进行更好的沟通，做好各方面的工作。我们与他人沟通的手段有许多，其中之一就是态势语言。

有时候许多事情既不好用口语形式表达，又不好用文字形式表达，而只能用态势语言去表达。因此，我们还可以运用态势语言输出思想和感情信息，及时地将自己的信息和意向传达给对方。用态势语言来进行艺术化的表达，既能达到预定目的，又可以避免和消除口语或文字表达带来的副作用。

4.衬托有声语言的“绿叶”

俗话说，“好花还要绿叶扶。”一个人在讲话时，不能只是声音起作用，必然要有表情、语气等，这就产生了态势语言。一般说来，态势语言可以单独进行，而有声语言是不能单独进行的。因为，没有态势语言参与的声音语言是不存在的。只不过有些态势语言的表达有水平高低之分。如果我们说有声语言是红花，那么态势语言就是绿叶，有声语言只有加上态势语言的衬托，才能使自己声、色、姿、情俱佳，发挥出巨大作用。

密钥

一个人的态势语言是其活动的信息载体，是其语言的重要部分，因此提高自己的态势语言艺术水平是十分必要的。总而言之，态势语言对于个人形象的塑造是十分重要的。因此，我们在进行语言表达的时候，应该巧妙、灵活地运用自己的态势语言，从而更有效地进行语言表达。

第05章　适时倾听，满足他人倾诉的愿望

好的沟通并非你想到什么就说什么，或者你所说的话都是对方喜欢听的。那些擅长沟通的人的并非滔滔不绝之人，他们在沟通之前更愿意尝试倾听。假如在整个沟通过程中，只顾自己说，而不懂倾听，那就无法详尽地了解对方，也就无法进行更深入的沟通。

认真倾听，做对方最忠实的听众

在西方有一句谚语：倾听是最高的恭维。英国学者约翰·阿尔代说："对于真正的交流大师来说，倾听和讲话是相互关联的，就像一块布的经线和纬线一样。当他倾听的时候，他是站在他同伴的心灵的入口；而当他讲话时，他则邀请他的听众站在通往他自己思想的入口。"生活中，我们经常会遇到这样的事情：当一个遭遇烦恼的朋友找自己倾诉时，我们只需要认真听他讲话，等他讲完了，心情就会平静很多，甚至不需要我们做任何事情来帮助其恢复平静。

在一次推销中，乔·吉拉德与客户洽谈顺利，眼看就要签约成交，对方却突然变了卦。

当天晚上，按照顾客留下的地址，乔·吉拉德找上门去求

教。客户见他满脸真诚，就实话实说：“你的失败是由于你没有自始至终听我讲的话。就在我签约前，我提到我的独生子即将上大学，还提到他的运动成绩和他将来的抱负。我是以他为荣的，但是你当时没有任何反应，还转过头去和别人讲话，我一恼就改变主意了！”

这一番话重重地提醒了乔·吉拉德，使他领悟到“听”的重要性，让他认识到，假如不能自始自终倾听对方讲话，认同顾客的心理感受，难免会失去顾客。所以，从那之后他就十分注意倾听顾客的话，不管是否和他的交易有关，都给以充分的尊重，竟收到了意想不到的效果，后来，他成为一名推销大师。

在沟通过程中，占据主动位置的一定是会说的人吗？不一定。有时候，能够把控沟通的主方向的人往往是一些善于倾听的人。因此，我们必须要学会利用我们的耳朵，做一个善于倾听的人，并牢牢地抓住沟通的主控权。

还有一次，乔·吉拉德拜访了一个有趣的客户。一开始，客户就喋喋不休地谈论自己的儿子，他十分自豪地说：“我的儿子要当医生了。”乔·吉拉德惊叹道：“是吗？那太棒了！”客户继续说：“我的孩子很聪明吧！在他还是婴儿的时候，我就发现他相当聪明。”乔·吉拉德点点头，回应道：“我想，他的成绩非常不错。”客户回答说：“当然，他是他们班上最棒的。”乔·吉拉德笑了，问道：“那他高中毕业打算干什么呢？”客户回答：“他在密歇根大学学医，这孩子，我最喜欢他了……”话匣子一打开，客户就聊起了儿子从小到大的趣事。

第二天，当乔·吉拉德再次打电话给那位客户时，被告知对方已经决定在他手中买车，而客户的理由很简单，他说：“当我提起我的儿子吉米有多么令人骄傲的时候，他是多么认真地听。”

或许，有人错误地认为多说话才能把握沟通的主动权，其实，多说话会给我们带来很多负面的影响。比如，可能会使他人对你产生戒心，认为你有某种企图；他人会对你敬而远之，因为他没有义务当你的倾诉桶；说得太多，暴露的信息太多，就容易被别人看穿而且容易出错。

1.倾听会让你受益

布里德奇说：“学会了如何倾听，你甚至能从谈吐笨拙的人那里得到收益。”倾听并不是没有任何意义的随声附和，一个优秀的倾听者可以从说话者那里获取大量的信息，赢得对方的喜欢，达到打动人心的目的。

2.掌握倾听的技巧

不过，倾听也是有技巧的，除了听之外，需要适时地重复对方话语中的关键字眼。当然，倾听比说话更需要毅力和耐心，假如你只是埋头玩自己的手机，或者把头瞥向一边，无疑会打击说话者的积极性。

3.倾听是沟通的前提

只有听懂了别人表达的意思，才能沟通得更好。倾听是说话的前提，先听懂别人的意思，再表达出自己的想法和观点，才能更有效地沟通。同时，听懂了别人的意思，我们才有机会掌握沟通的主动权，从而更容易打动人心，达到办事成功的目的。

密钥

卡耐基说："对和你谈话的那个人来说，他的需要和他自己的事业永远比你的事重要得多。"所以，做一个懂得倾听的人，并将这样的美德沿袭在自己身上，你会赢得比别人更多的机会，获取更多的信息。把握沟通的主动权，能够更加有效地打动人心。

要听还要会思考，听懂对方的弦外之音

如何听出一个人的弦外之音？对此，曾国藩说："辨声之法，必辨喜怒哀乐。"一个人的七情六欲、喜怒哀乐都可以从声音中听出来。所谓"话由心生"，心境不同，发出的"声"也会有很大的不同。在人际交往中，我们时常会遭遇这样的尴尬场面：对方刚才还是一张笑脸，却转眼变成了黑脸。究其缘

由，就在于我们没能适时听出对方的弦外之音。有时候，语言的交流相当于一场没有硝烟的战争，彼此都是心照不宣，为了保持一种良好的风度，很多意思往往不会直接表露出来。

于是，那些看似平静的言辞之中，往往隐藏着刺儿。你稍有不慎，就会被对方的弦外之音伤害，使自己处于一个被动的境地。所以，与人交往，我们要留意对方的声音，学会听懂对方的弦外之音。

吕不韦命令人编撰好了《吕氏春秋》后，他召集了包括李斯在内的很多人，举行了一次盛大的聚会。面对众人，吕不韦面带笑容，慷慨言道："东方六国，兵强不如我秦，法治不如我秦，民富不如我秦，而素以文化轻视我秦，讥笑我秦为弃礼义而上首功之国。本相自执政以来，无日不深引为恨。今《吕氏春秋》编成，驰传诸侯，广布天下，看东方六国还有何话说！"字字掷地有声，百官齐齐喝彩。

之后，吕不韦召士人出来答谢，且坦然承认，这些士人才是《吕氏春秋》的真正作者。李斯发现那些士人精神饱满，神态倨傲，浑不以满殿的高官贵爵为意。在他们身上，似乎有着直挺的脊梁，血性的张狂。《吕氏春秋》中写道："士之为人，当理不避其难，临患忘利，遗生行义，视死如归。有如此者，国君不得而友，天子不得而臣。大者定天下，其次定一国，必由如此人者也。""义不臣乎天子，不友乎诸侯，得意则不惭为人君，不得意则不肯为人臣。”

李斯看着那些强悍的士人，聪明的他猜出了吕不韦的弦外之音：“哪怕有一天我吕不韦失去了天下，只要有这些死士，谁也别想轻视我。如果你想和我作对，还是好好考虑再作打算吧！”于是，李斯当即陷入了沉默，不再言语。在这里，吕不韦虽然是笑容满面，声音也很正常，但是，他那平稳的语调中，透露出一种威胁之意。

《南史·范晔传》：“吾于音乐，听功不及自挥，但所精非雅声为可恨，然至于一绝处，亦复何异邪。其中体趣，言之不可尽。弦外之意，虚响之音，不知所从而来。”

1.“温柔”的反击

一位女议员对丘吉尔说：“如果我是您的妻子，我会在您的咖啡里下毒药的。”丘吉尔温柔地看着她说：“如果我是你的丈夫，我就会毫不犹豫地把它喝下去！”在这里，丘吉尔的声音里一点也没流露出生气的情绪，反而是温柔地予以反击，可谓四两拨千金。

有时候，在与他人的语言交流中，如果我们在言语上触碰了对方的伤痛，而对方还是以平静而温柔的声音回答我们，这时，我们就应该留意了，要分清对方话里是否藏有“利剑”。当然，并不是指所有温柔、平静的声音里都藏有弦外之音，话中是否还有别的意思，需要我们根据语言交流的进程来猜测。

2.犀利的语调

有的人本身不善于隐藏自己的情绪，一旦被话语击中，他会毫不犹豫地进行反击。这时，对方心中愤怒的情绪已经反映在其犀利的语调中了。如果是面对言辞犀利的对手，我们不妨采用一些方法进行回击。当然，这也需要掌握一些语言上的技巧，或者是话里有话地答复对方，或者是以自嘲的方式帮助自己摆脱困境。你在措辞的时候，一定要注意，即便是回击，也要不着痕迹，不要伤害到对方，在对方面前，你需保持应有的胸怀和气度。

密钥

通常情况下，那些隐藏在话语里的弦外之音是不会轻易地被发现的，它们往往只是间接地被透露出来，而不是清晰地被表达出来，它有可能隐藏在语调里，有可能藏在音色里。这就需要我们在与对方进行语言交流时，仔细揣摩话语里的弦外之音，弄清楚对方真实的意图是什么。

听出对方的需求点

我们与对方的交流沟通，实际上就是一场心理的较量，彼此都怀着各自在意的重点，希望能达成共识。那么如何才能打动对方呢？这需要我们仔细观察，从对方言语中抓住对方潜在的“利用价值”，再以其在意的东西作为利诱，这样一来，对方肯定会心动，进而答应我们的请求。而且，这样做暗合了对方的心理，会让对方感到很受尊重，在无形之中拉近了彼此的距离。

1964年4月，作为中国外交部长的陈毅在印尼首都雅加达参加了第二次亚非会议的筹备会。他在雅加达会见了印尼总统苏加诺，见面后却发现彼此的意见不一致。苏加诺主张第二次亚非会议在万隆召开，而陈毅觉得应该选在非洲国家召开。双方的观点不一致，这为筹备会增加了难度。

陈毅知道苏加诺非常好面子，所以他尊重苏加诺的想法，对他说：“非洲有四十几个独立国家，总统阁下如果主张此次会议在非洲召开，等于支持了非洲的独立，你的做法可谓是高瞻远瞩，还能够充分展现你政治家的风度，当你去那里发言时，你会得到更多的支持。”苏加诺听了点头称是，却不愿放弃自己的观点，陈毅从言语中挖掘出对方碍于情面的心理特性，说道：“你是总统，我是元帅，我给你当个参谋长，你要不要呢？”苏加诺无法拒绝，只好称是。

陈毅挖掘出对方的欲望点，不伤和气地说服了印尼总统苏加诺。心理专家认为，人与人之间内心深处所想的事情是各不相同的，每个人都有自己的欲望点。在这里，心理专家的言外之意就是指要想对他人心理施加影响，只有在挖掘出对方的欲望点、懂得他人心思之后，才更容易进行。

1.找到对方的利益所在点

每个人都会有一定在意的关于利益的东西，有可能是金钱，有可能是名声，有可能是地位。在沟通的过程中，我们要善于以对方在意的利益作为诱饵，以此达到打动对方的目的。

2.找到对方的兴趣所在

每个人都有自己的兴趣爱好，因此，在交流过程中，我们要想办法找到对方的兴趣点。可以在与对方交谈之前做好准备工作，打听对方有什么兴趣爱好，也可以通过自己的观察或提问来得知对方感兴趣的事情。

3.给对方一点甜头

有时候，不妨给对方一点好处，这样对方也会从中获得一些恩惠，比如，“你过来我包你车费，还请你到处转转，咋样”“只要你给我把这件事办好了，我就送你一个爱马仕包包”“我前天在上海给你捎带了一条裙子，你看什么时候过来拿去吧”。

密钥

有时候，对方潜在的“利用价值”往往是他的把柄之一，他会有可能为了某些欲望而放弃之前所提出的条件。如果在此时我们趁虚而入，对方就会在交流中败下阵来。在这里，所谓的“利用价值”，也就是其最在意的东西，诸如头衔、利益，等等。

仔细观察，对方的非语言表达了什么

现代心理学的研究证明：一个人不经意间表现出来的小动作能够反映出他的真实性情，或者对别人所保持的态度以及意见。比如，在开会时，对方看起来很认真地在听，但是在桌子的下面，他的手指不停地反复敲击着。这样的小动作表示这个人实际上一点儿也没有将心思放在开会上，心早已不知道飞到哪里去了。因此，在生活中，如果我们能仔细观察他人的小动作，那么，我们可以看出其真实的性情。

小白是一个话很多的人，经常逮着机会就与同事聊起来，也不管对方愿不愿意听。对此，坐在他旁边的小李可就遭殃了，每次小白转过身来，兴致勃勃地说些自己碰到的趣事时，小李不好直接拒绝，只能不安地用笔杆敲打桌面，以此表达自己的意思。小白是一个马大哈，他不明白小李为什么喜欢敲桌子，不过，他什么也不想，还是自顾自地说话。

有一次，小白碰到了学心理学的朋友。在聊到小动作的时候，小白突然想到了小李，他问道："当一个人总是用笔杆敲打桌面的时候，他心里在想些什么呢？"朋友回答说："这样的小动作，大多表示他对你所讲的话已经感到厌烦了。""啊？"小白恍然大悟。后来，在办公室里，他收敛了自己的个性，不再经常缠着小李说话了。

小白通过向学心理学的朋友询问，发现同事的小动作是想告诉自己：我对你所讲的话并不感兴趣。在我们身边，每个人都有那么几个常见的小动作，我们可以通过观察对方的一些小动作来分析他们对自己的意见。另外，一些心理实验表明，一个人如果与他很讨厌的人在一起，只会出现两种相对的反应：一是太随便，根本不在乎对方的想法；二是太拘谨，看起来无所适从，甚至不知道该把手放在哪里。而人们表现出来的不同反应，正好可以反映出每个人的真实性情。

每个人都有心情不好的时候，或者沮丧失落，或者烦躁不安。这些情绪除了通过面部表情及口头语言表现出来以外，还通过一些小动作显现出来。下面就介绍几种常见的小动作。

1.用嘴咬住某些物品

我们经常会发现有的人喜欢用嘴咬眼镜腿、铅笔或者其他物品。这一类型的人喜欢我行我素，不喜欢受人管制。他们做出这样的动作是为了掩饰自己恶劣的情绪，不想让别人知道。

在这种情况下，你千万不要上前搭话，以免加重其恶劣的情绪。但有时候，这样的小动作也无法克制他内心的不满情绪，他的情绪有可能会进一步恶化，或在突然之间爆发出来。

2.用手拢头发

有的人喜欢用指尖拢头发、轻搔面部，或是把食指放在嘴唇上。这一类的人性格比较开朗、乐观，虽然在面对生活或工作中的困难时也会出现失望、沮丧的心情，但是他们能在最短时间内调整好自己的心态，坦然面对这一切，并致力于寻找解决问题的办法。

如果有人在你面前做出这样的小动作，那就表明他对你的谈话没有多大的兴趣，显得有点左顾右盼，漫不经心。他们或许正在思考自己的问题，并且认为你是在打扰他们，但他们会碍于情面而不表露出来。

3.两手互相摩擦

有的人习惯两手不停地摩擦。这一类型的人对自己充满了信心，喜欢挑战自我，并且在成功的路上敢于承担一定的风险。一旦决定去做某件事情，他们就会一直坚持下去，而不会轻易改变主意和行动方向，所以他们在某些时候显得比较固执。而他们反复做这种动作的时候，通常是烦躁不安、心情郁闷的时候。

4.用手抚摸下巴

有的人习惯于用手抚摸下巴或者抓着下巴。做出这样小动作的人大多比较世故圆滑，有较深的城府。他们这样不断地抚摸下巴只是想使自己镇静下来，克制自己内心的不满情绪，以免自己在冲动之下做出什么举动来，同时，他们也在思考下一步的对策。

密钥

在日常沟通中，我们会发现，几乎每个人都有特别的小动作，而这些不经意表现出来的小动作恰好能直接反映其真实性情或想法。在很多时候，一个人的肢体语言和他口中说的话并不一致，这些肢体语言就是所谓的小动作。

第06章　灵巧提问，一问一答中探寻对方心理

沟通过程中，若只是一个人在问，说话便会变成一场独角戏。富有技巧的提问者每时每刻都在关注对方的心理，留心观察，从简单的提问开始，步步为营，而非自说自话，最后落得个一问无成的结果。

一问一答，在互动中探寻对方心理

在生活中，我们经常会遇到这样的情况：有的人，即便认识了很久，也无话可说，或说不到一块去；有的人，一见面两句话就聊上了，一见如故，好像有说不完的话。为什么会产生这样的情况？关键原因就在于有的人擅长提问，善于通过问题将话题重心引到对方的心坎上，给人留下“相见恨晚”的印象。心理学家曾作过研究，在所有的成功销售案例中，产品知识占比只有10%，而提问则占了90%，所以提问是非常重要的。在实际交往中，如何才能打开对方的话匣子呢？

有一次，王硕去拜访一位顾客。王硕在他家里看到墙上挂着“制怒”的条幅，就知道了对方有克服发怒的要求。于是，他就问那位顾客：“您平时很爱发脾气吗？”对方回答说：

“我很容易冲动，但明知自己有这个毛病，有时也控制不了。为了提醒自己，就写下来挂到墙上，时刻告诫自己。”王硕便以此为话题谈论下去，先是表示非常理解，接着又说出自己的观点，对方也就同一问题谈了谈感想。两个人聊得非常投缘，都有“相见恨晚”之感。

我们从中不难看出，有些人在陌生人面前面红耳赤、表情紧张、不知所言、十分拘谨，不过是因为没有细心观察，没有找到共同感兴趣的话题而已。大量事实证明，最好的提问方式是提出第一个问题后，再提出与之相关的问题，或者从被问者的答案中找到第二个问题，然后依次循环，形成互动。这样，第一个问题与第二个问题就是关联型问题，可以让提问者和被问者更加热情地投入到提问过程中，形成友好和谐的互动。

伽利略年轻的时候就有着伟大的抱负，渴望自己能够成为一个出色的科学家。为了完成这一目标，他想进入学校学习。但是，他的父亲对他的这一打算并没有太大的热情，根本不愿意支持他完成学业。为了取得支持，他开始了对父亲的劝说。

伽利略对他的父亲说：“爸爸，我想问您一件事，当初您为什么要和妈妈结婚呢？”

“那是因为我看上她了。”父亲回答说。

“那么，您有没有想过娶别的女人做您的妻子呢？”伽利略接着问。

“没有，我对着上帝发誓，我从来没有过这样的想法。当初我的父母让我娶一位富家千金做妻子，可是我只对你的妈妈有感情，你的妈妈在我心中是最漂亮的姑娘，只有和她在一起我才感到幸福。”父亲说。

伽利略说：“我能看得出来您说的都是实话，我也知道您只爱我妈妈一个人。但是您知道吗，现在您的儿子面临着和您追求您妻子时同样的处境。我深深地爱上了科学，除此之外，我对其他的行业没有丝毫的兴趣，财富和荣誉并不是我所需要的，我只喜欢科学，我对它的爱就像对一个美貌女子的倾慕。”

父亲说：“我不了解你所说的像倾慕女孩子那样迷恋科学是什么意思。”

伽利略说：“是的父亲，我现在已经十八岁了。我的同龄人，无论贫富，都在考虑自己的婚事，可是我心里想的只是科学，对婚姻没有任何的兴趣。我没有和人相爱过，相信今后也不会了。别人都想寻找一位漂亮标致的姑娘作为妻子，而我只愿意和科学终身相伴，当人们在我面前谈到婚姻这些话题的时候，我就会感到很没有意思。”

父亲没有说话，示意他继续讲下去。

伽利略继续说道：“我亲爱的父亲，我知道您是爱我的，但是你并不知道我到底想要什么。我拥有别人不能比的才干和力量，也相信通过自己的努力会成为一个杰出的科学工作者，还能够获得教授的身份。我相信和科学为伍能够让自己活得更快乐，也相信能够比别人活得更好。因此，我需要您支持，来帮助我完成这一愿望。”

父亲为难地叹了一口气说：“我很理解你的想法，可是我实在是没有太多的钱去供你上学。”

伽利略说：“父亲，我并不是希望得到您在金钱上面的帮助。我相信通过自己的努力一定能够获得公爵的奖学金。目前我所缺少的是一个进入公爵学校的机会，您在佛罗伦萨有许多的好朋友，通过他们的帮忙，应该能够帮我完成进入公爵学校的梦想。当然，我相信这件事依靠您自己的能力也是可以做到的，您只要找到公爵的老师奥斯蒂罗·利希就可以了，他是了解我的，并且十分欣赏我的能力。”

父亲终于被说动了：“嗯，你说的并不是没有道理，相反的，我倒觉得是一个好主意……”

伽利略趁热打铁，抓住父亲的手臂，诚恳地说：“父亲，我求求您，只要您尽力而为，我相信一定能够帮我完成这一心愿的，我保证会成为一个伟大的科学家来报答您的。”

父亲终于被伽利略说服了，找到了公爵的老师，完成了儿子的心愿。伽利略没有食言，几十年之后，他终于成为了举世闻名的科学家。

提问从对方的兴趣入手，是尊重别人的方式，这种将心比心的态度会有一个良好的开头，接下来，哪怕是再困难的问题也将会迎刃而解。如果只是按照自己的主观臆断，不选择正确的问题，信口直说，以软磨硬泡的持久战方式来逼迫对方就范，忽视对方的心理感受，让对方的自尊心承受不了，那么即使坚持再长的时间恐怕也是无济于事的。

1.模仿对方

山田久二是日本非常有名的推销大王。他成功的秘诀就是说话看对象，见什么人说什么话，积极求同。他不仅模仿对方的口音、语言、身体姿态，还依据对方的爱好、职业等特点来装扮自己，使对方感到特别亲近可靠。其实，每个人都希望他人与自己是同类人，而模仿对方无疑会给对方一种志同道合的感觉。

2.从对方的兴趣爱好说起

每个人都有自己的兴趣爱好，如果你表现出对他人的喜好很感兴趣的样子，会令对方的心情相当愉悦。因此，我们在谈话过程中，需要了解对方的兴趣爱好，尽可能地先从对方的兴趣爱好说起。

3.从对方得意的事情说起

每个人都渴望得到他人的尊重与认同，尤其是关于自己所取得的成绩。我们在求人办事的时候，不妨从对方得意的事情问起，给对方送一顶高帽子，他一定会乐意帮助你的。

密钥

有很多人觉得，和陌生人交谈，因为彼此间不太熟悉，没有办法找到共同语言。其实，这只不过是一个借口罢了。毕竟，我们生活在同一个时代，成长于同一片国土，只要善于寻找，心细一些，留意观察，就一定能够寻找到共同语言。

提问要投其所好，对方更乐于回答

交际其实很简单，和陌生人相处也是如此，通过一句简单的问候，表现出自己的涵养和风度，让对方乐意和你进行交谈。

小赵经常坐火车回家探亲，每次十几个小时的旅途总是十分愉快的，因为他经常主动和周围的人打招呼交谈。“您好，您也是回家探亲吗？”“您好，能不能把您的杂志借我看一下？”于是，原本陌生的人聊了起来。别人眼里的枯燥路途却成了小赵结交新朋友的场所，他在和一些旅客分手的时候会互相留下电话，经常保持联系。

公元前266年，赵惠文王去世，新君年幼，他的母亲赵太后摄政。秦国趁赵国新君登基不久、国内动荡之际，派大军大举进攻。为了挽救危机，赵太后决定向齐国求救。齐国答应了赵国的请求，但前提条件是要赵太后最喜欢的儿子长安君为人质。赵太后不肯答应，大臣们苦口婆心地劝谏都无效。

事关国家安危，触龙决定再劝赵太后一次。他求见太后，太后怒气冲冲地等着他。触龙见状，就绝口不提长安君的事，而是和她大谈健康养生之类的话题，赵太后这才缓和了些脸色。

触龙请求赵太后给他的小儿子舒祺在御林军中安排一个职务，赵太后爽快地答应了，又不解地问："你们男人也心疼自己的小儿子吗？"

触龙说："是的，比女人还有过之而无不及。"

太后反驳说："在这方面你们男人是远远比不过女人的。"

触龙说："我觉得，您疼爱燕后的程度远远超过了疼爱长安君。"

赵太后不认同他的观点，但是示意他继续说下去。

触龙说："燕后出嫁以后，您每天都在想念着她，但是在祭祀的时候，您又一遍遍地向上苍祈祷不要让她回来。这不就是为了让她在燕国长期待下去，希望她的儿孙一代代地做燕国的国君吗？"

太后说："是这样。"

触龙又说："在赵国，你赐给长安君很多肥沃的土地，也给了他不少象征国家权力的礼器，我认为这不过是一种溺爱罢了，对长安君的将来并没有任何好处。您看，现在先王的子孙们还有几个保住荣华富贵的？真正疼爱自己的儿子，就要给他建功立业的机会，只有这样才能让他在国内站得住脚。试想，在您百年之后，身无寸功的长安君还能在赵国继续享受荣华富贵吗？我认为您为长安君打算得太短了，因此，我认为您疼爱他不如疼爱燕后。”

太后听了，认为他说的话很在理，就说：“好吧，任凭您指派他吧！”

触龙利用父母疼爱孩子这一点，通过层层提问，告诉赵太后疼爱并不等于溺爱的道理。他告诉赵太后，无端地给孩子太多的高官厚禄，只能给他带来杀身之祸。只有让孩子为国家作出一定的贡献，他才能有资格在赵国站得住脚。就这样，触龙用晓之以理、动之以情的形式说服了太后，使其同意送长安君前往齐国做人质，解除了赵国的危机。

一个年轻人在一家百货公司做业务员，第一天工作刚结束，总经理就开始检查新员工的业绩。每个人都完成了二三十单的生意，而这位年轻人只完成了一单生意。总经理不满意地问他：“你卖了多少钱？”

“一百三十万。”年轻人回答说。

“你怎么卖那么多钱？”总经理吃惊地望着他。

“是这样的，”年轻人说，“一位先生进来买东西，我给他一个小号的鱼钩，然后是中号的鱼钩，最后是大号的鱼钩。我问他上哪儿钓鱼，他说在海边，我建议他买条船，所以我带他到卖船的专柜，卖给他一艘帆船，然后他说他的汽车可能拖不动这么大的船，于是我带他到汽车消费区，卖给他一辆丰田新款豪华型‘巡洋舰’。”

总经理听得目瞪口呆，几乎难以置信地问道：“一个顾客仅仅来买个鱼钩你就能卖给他这么多东西？”

“不是的，”年轻人说，“他是来给他妻子买卫生巾的，我就告诉他，‘你的周末算是毁了，干吗不去钓鱼呢？’”

上面的这个笑话可能在现实生活中很少发生，但它很明确地告诉我们，要想成功挖掘对方的需求，就一定要善于提问，敢于想象，并把问题问到对方的需求点上，让对方认同我们的观点，做到这些，会给我们带来无法估量的利益。

密钥

在日常交际中，“投其所好”通常被视为一个贬义词，因为在某些时候有的人是出于某些不可告人的目的，但是，如果是为了说服对方或者求得帮助，那大可光明正大地带着问题去“投其所好”。比如，对方喜欢绘画，那就以关于绘画的知识提问，借助对方的兴趣爱好愉快地展开话题，使对方的心情变得愉悦起来，最后，我们也实现了自己的目的。

积极发问，激发对方的谈话兴趣

在日常生活中，当我们说“某人性格很内向”时，脑海里总会浮现这样的形象：一个人永远坐在房间的角落，总是默默地低着头，不说话，偶尔会露出一丝笑容，每天独来独往，以至于哪一天他没来，都没人发现。通常这样的人是容易被忽视的，因为他们总是孤独地坐在一个角落，而且他们似乎很没有主见，总是一味地顺从，一副恭顺听话的样子。在我们身边就有这样的朋友和同事，以至于我们开始忽视他了。每次见面就是和他们打个招呼，甚至几乎是不说话，见面只是微微一笑。

通常情况下，他们嘴里不会说出“不”，总是“好”“是的”。面对别人的提问，他们从来都只是点头和摇头，好像自己没意见似的。由于性格内向，即便他们心中有着另外的看法，他们也只会说“我跟你们是差不多的看法”。

王先生是某家建筑公司的工程师，性格比较内向，但在工作中能够独当一面，深得老板的青睐。不过，即便是这样一个老实巴交、性格内向的人，也会犯一些错误。有一次，王先生参与的楼房改造出了一些意外，设计稿与实际存在6厘米的误差，这是非常大的误差。公司紧急召开会议，商量如何解决这个问题。

在会议上，总经理问道：“想必大家都知道这次会议的目的，我想先问一下王先生，你知道这次会议的目的吗？”其他成员面面相觑，面露难色，王先生唯唯诺诺地回答说：“知道。”经理又问：“那你说说这次会议的目的是什么。”王先生说：“为了解决我工作上的失误。”经理问：“由于你的失误，公司需要承受很大的损失，你说你该怎么承担呢？”王先生说：“我主动辞职。”

听了这样的话，会议室瞬间安静了下来。总经理更是暗自叫苦，自己提问的目的本来是让王先生认识到错误，然后更加卖力地工作。王先生的能力是大家有目共睹的，公司并不愿意失去这个人才。但是，没想到在一连串问题之下，性格内向的王先生竟然因自责而主动提出辞职。

王先生本来已经想到了解决问题的方案，但是，在总经理提问之后，他一直想不起来，只想到自己需要主动辞职来弥补此次失误。这个案例主要在于总经理不懂得如何向内向的王先生提问，导致公司失去了王先生这个人才。所以，在实际生活中，对内向者提问，首先要考虑他们的心理承受能力，注意言辞，避免出现双方都下不了台的局面。

内向者不愿意说话或说话很慢时，常常是没有将心思投入谈话之中。其他人会觉得内向者无法提供任何有价值的观点，内向者自身也会这样认为，所以他索性做一个安静的听众，或只是委婉地说两句，或干脆不发表任何意见。

张经理是一位善于提问的领导，尤其是对于秘书小李。其实，小李对自己的能力很有信心，唯一担心的就是自己性格比较内向，不知是否能与团队成员有一个很好的沟通。但是，因为善于提问的张经理，他对自己越来越有信心，工作也越干越出色。

张经理在向小李提问时，非常热情，比如，在询问小李能不能接受工作完成任务的时候，他会问："能不能按时完成任务？"小李回答："能。"这时张经理会问："像你这样年轻的小伙子，声音这么低，大点声音告诉我，能不能按时按成任务？"小李大声回答说："能。"张经理说："这才对嘛，我相信你的能力，你一定能够创造新的业绩的，对不对？"小李大声回答说："是的。"就这样，在张经理的调动下，小李变得越来越积极，逐渐受到张经理的重用。

通常情况下，内向者面冷心热，才华横溢，自律性较强，对公司的忠诚度比较高。假如领导者可以通过提问将他们的积极性调动起来，那他们所爆发出来的潜力将超过外向者。只要我们能够站在内向者的角度去寻找突破口，以真诚、耐心的态度去对待他们，多鼓励少质疑，多安慰少批评，就能有效调动内向者的积极性。

1.选择温和的问题

内向者往往比较胆小，多少有一些自卑心理，所以，对这类人进行提问时，需要注意问题的温和度。在实际提问的时候，不能提太尖锐的问题，即便发现他们在某些事情中出错了，也不能当着许多人的面说。毕竟内向者向来习惯自省，工作出现了差错，其实他们内心也很着急。

2.保持诚恳的态度

内向者心理比较敏感，所以我们在对他们进行提问时要保持热情、诚恳的态度，否则，当他们感觉不到我们的真诚和热情的时候，就会对我们失去信任，从而影响整个提问效果。假如在提问时能够适当给予他们鼓励，他们就会鼓起勇气且多谈论些。

密钥

内向者一开口比较有深度，这会令其他人感到不舒服，于是人们就选择忽视内向者所提的观点，更倾向于其他人所表达的东西。若其他人忽视了内向者，内向者自身也会感觉到被忽视了。对内向者提问，提出的问题最好与内向者有关，比如，可以提内向者感兴趣的话题，与他利益相关的问题等。总而言之，应是对方感兴趣的话题，这样对方才会愿意回答。

设问与反问，让沟通充满趣味

设问能够产生悬念，引起人的注意力，引发对方思考。如果设问运用得好，就会使讲话极具说服力和感染力，产生让人无法辩驳的说理效果。常用设问还能帮助讲话者抒发情感，曲折含蓄地表达出某些不便明言的信息。比如，有人在说话时这样说道：什么是龙头？龙头就是标杆，就是参照系，别的都要服从，都要以此为标准，必须将认识进一步统一到这个总的指导思想上来。

设问切忌提一些无关紧要、众人皆知或者缺乏震撼力的问题，也不需要问得太过频繁。设问运用的关键就在于为说话内容设计几个比较醒目、巧妙而又有分量的问题，给听众一种好奇感，激发他们对答案的兴趣，然后自己作答，娓娓道来。

反问则是不需要回答的问题，答案就在问话之中，就是对问话的否定。反问的运用，可以表达出非常激烈的情绪，在热情奔放、情绪激昂的场合最适合运用。一连串设计巧妙的反问句，能使演说具有非常大的气势，具有极大的震撼力与感染力，让听众听了之后情绪高涨，热血沸腾。

以下是从帕特瑞克·亨利在弗吉尼亚州议会上发表的演讲中节选的一段：

“回避现实是毫无用处的。先生们会高喊：‘和平！和平！’但和平安在？实际上，战争已经开始，从北方刮来的大风都会将武器的铿锵回响送进我们的耳鼓。我们的同胞已身在疆场了，我们为什么还要站在这里袖手旁观呢？先生们希望的是什么？想要达到什么目的？生命就那么可贵？和平就那么甜美？甚至不惜以戴锁链、受奴役的代价来换取吗？”

一连串的反问，好似连珠炮不断地轰鸣，整个演讲激情飞扬、气势雄劲，激愤之情感染了下面每一位听众。卡耐基曾经说过，如果想说服别人，最好的办法就是举出例证反问之，因为反面的例子比正面辩驳更具有说服力。所以，你需要说服别人的时候，不妨采取反问的手法，举出一个反面的例子来进行有力的说明。

有一次，拿破仑对他的秘书说：“布里昂，你知道吗？你也将永垂不朽了。”

布里昂不解，拿破仑解释说：“你不是我的秘书吗？”

布里昂明白后，笑了笑说：“请问，亚历山大的秘书是谁？”

拿破仑回答不上来，赞扬道：“问得好！”

布里昂明白了拿破仑的意思，虽并不寄希望于依靠拿破仑的名气扬名，但是他仍不忘作为秘书对主帅的尊重，所以采用表面请教、实际上反问的方式：“请问，亚历山大的秘书是谁？”证明了大前提的不可靠性，也使拿破仑的结论不攻自破。

美苏关于限制战略武器的四个协定刚刚签署，基辛格就在莫斯科一家旅馆里向随行的美国记者团介绍这方面会谈的情况了。当时已经是5月27日凌晨1点，他毫无倦意。

“生产导弹的速度为每年大约二百五十枚，”基辛格微笑着透露道，“先生们，如果在这里把我当间谍抓起来，我们知道该怪谁啊！”

敏捷的记者们接过话头，开始探问美国的秘密。

“我们的情况呢？我们有多少潜艇导弹在配置分导弹头？有多少民兵导弹在配置分导式多弹头？”一个记者问道。

基辛格耸耸肩：“我不确切知道正在配置分导式多弹头的民兵导弹有多少；至于潜艇，我的苦处是，数目我是知道的，但我不知道是不是保密的。”

记者说：“不是保密的。”

基辛格反问道：“不是保密的吗？那你说是多少呢？”

记者傻了，只好“嘿嘿”一笑，不再追问下去了。

其实，反问是用疑问的形式来表达确定的内容。运用反问能够增强语势，把原来肯定的意思表达得更鲜明，不容置疑，所以也更容易集中听众的注意力，给听众造成强烈的印象，容易唤起听众的想象和激情，这样的表达方式比正面陈述更能产生力量。反问把答案寓于问句之中，而它所表达的思想内容与句子的表面意思相反：如果语句表面意思是肯定的，那么思想内容则是否定的，反之亦然。

在日常沟通中，如何用好设问呢？

1.利用设问激发听者的兴趣

即提出一个设问句，紧跟着说一个答句。这种设问，可以快速集中对方的注意力。富有趣味性的设问，往往可以引起听者的兴趣，使其情绪保持愉快的状态。在实际沟通中，所提问题应角度新颖，富有启发性，可以引起听者的兴趣和注意。

2.典型的设问句式

除了一问一答，还有几问一答，连续问答。其中，几问一答，即先集中提出一连串设问句，然后集中加以回答，这种设问可以增强论辩力量，引人深思。比如：“啊，是谁，这么早就把那亲爱的令人心醉的乡音送到我的耳畔？是谁，这么早就用他那悦耳动听的音乐唤来了玫瑰色的黎明？是一个青年人。”

连续问答，即连续使用一问一答的方式。这种设问，可以造成一种步步紧逼、势不可挡之气势，具有强大的论辩力量。

密钥

为了强调、加重讲话内容，引起对方注意，增强语言表达效果，有时需要在沟通中进行自问自答，巧妙运用设问、反问，与对方形成互动，调动其思考问题的积极性，并激发彼此沟通的热情。

Part 3

对症下药，见什么人说什么话

§

俗话说："见人下菜碟。"其实，每个人的性格不同，交往方式也有所区别。说话技巧以及方式的不同，源于沟通过程中的应变智慧。

§

第07章　消除陌生感，巧妙寒暄来破冰

每天，我们会邂逅许多陌生人，与他们有或多或少的来往。他们之中的某些人可能成为我们的莫逆之交，也有的只是我们人生路途中的过客。其实，无论是什么样交情的人，都有由陌生到熟悉的过程。

自信大方地自我介绍，展现良好风范

人都说一回生、两回熟。“两回”不难，难就难在头“一回”。难在哪儿呢？难在面对的是陌生人，不知该从什么话说起，不知该说什么话，不知该说的话会不会让人听了感觉不悦……也就是说，面对陌生人，最难的问题就是如何通过自我介绍给对方留下好印象。而如果我们懂得抓住对方的心理，使用一番别具特色的语言，定是能打动对方的。

一次非正式聚会中，一位老师将两个初出茅庐的大学毕业生引见给某作家认识。男生A这样介绍自己：“您好，我叫某某，今年刚毕业，正在找工作。”这位作家一听，当时有点愣，可能是头一次听人这么介绍自己，只好接话说：“是吗？那加油啊，祝你早日找到满意的工作。”

而女生B的自我介绍则完全不同，她介绍自己的方式是拉近距离形成对比：“你好，听说你是一位作家。”这位作家赶紧谦虚地说：“哪里算作家，就是随便写写。”女生B笑吟吟地说：“我也是，不过我更喜欢画画，我是一名美院毕业的学生。”很快，女生B和这位作家产生了两个共同的话题——写字和画画。等到聊得比较热烈之后，女生B自然地提到找工作的事，而这位作家则表示可以将她引荐给在美术馆和画廊工作的朋友，一切来得水到渠成。

很明显，男生A的自我介绍是不得要领的。首先，他和这位作家完全不熟，在作家对他的性格和特长一无所知的情况下，他传达给作家一个他正在找工作的讯息，属于无效信号。无疑，这会让这名作家产生这样的心理：此人不懂礼数。而女生B的自我介绍则注重从拉近与陌生人的距离开始，以攻心为主，句句话都说到作家心里去了，自然会赢得作家的好感，得到作家的引荐也自然是水到渠成的事。

最近，单位里来了一名资深顾问。虽然是第一次见面，但这位顾问直接问小叶：“我叫××，有男朋友吗？一定没有吧？你看起来好严肃呀！”还一直问小叶：“喂，你叫什么来着？”小叶心想，就算比别人厉害，也要顾好自己在别人眼里的第一印象吧！不仅小叶，单位其他同事对这位顾问的印象也不好。

很明显，这位新来的顾问，因为说话太过招摇，而让同事产生了不好的印象。和这位资深顾问不同，新来的小唐的自我介绍就很好。

今天是小唐第一天上班，她的工作就是负责接电话，但是对方好像听不懂她在说些什么。她表现得很紧张，用手捂着话筒对旁边的老职员李姐说："李姐，我是新来的小唐，早上也没跟你自我介绍一下，真对不起。客人好像不懂我在说什么，我刚来对业务也不太熟，你能帮我向他说明吗？"

原本还觉得新来的小姑娘不懂事的李姐一下子怒意全无了，她心想：看她的样子虽然很可笑，不过如此认真的态度倒是让人颇有好感，让别人也乐意帮她，比一些不懂装懂而误事的人强多了。

总之，自我介绍是一门学问。自我介绍的每一句话都要说到对方心里去，散发出你的交际品质，让对方觉得你是一个有个人风格的人，对你产生良好的印象，如此，也就成功达到了攻克陌生人心理堡垒的目的。

那么，与陌生人初次见面时，怎样大方地介绍自己，才能给对方留下个好印象呢？

1.巧妙地介绍自己的名字

与人初次见面时，想让对方记住自己，最简单的办法就是让对方记住自己的名字。比如，你可以对自己的名字作一个简单但容易被别人记住的介绍："我姓接，接二连三的接，认识我，你会有接二连三的好运！"

2.自我介绍要摆脱陌生人情结

其实每个人跟陌生人交谈时内心都会不安，所以，你一定要自己先放下陌生人情结。面对陌生人不需要刻意装模作样，不过也要表现出你的诚意。只有这样，才能显出你的大方和热情，才会让对方觉得你是一个有良好的交际品质的人，从而愿意与你进一步交往。

3.解读现场的气氛与对方的心态

自我介绍不可太过冗长，有时候只需要简短的一两句话，因为吸引别人的也许正是开篇的某个亮点。同时，我们在介绍自己的时候，要避免谈论让人讨厌的话题，不要一个人一直发表看法，也要学习倾听别人说话。解读现场的气氛，看准时机再发言。

4.保持谦虚低调

我们在自我介绍的时候，除了突出自己的亮点，还是谦虚低调为好，免得给别人留下"此人爱吹"的第一印象。

密钥

出入社交场合，免不了要自我介绍一番。很多人觉得这很容易："您好，我叫××，是做×××的，很高兴认识你。"

这不就结了？但若是有人像这样平淡无奇地对你作自我介绍，下次见面时，你十有八九会忘记对方的名字，甚至压根儿不记得这个人。忘记别人姓甚名谁可能会比较尴尬，而最可悲的则是被忘却的他。

轻松与陌生人聊天，消除陌生感

许多人都有这样的体验，在走进一间陌生的房间，或是与一个不熟悉的人碰面时，在心里对自己说得最多的一句话就是："我该怎么样打破僵局，交到朋友？"而独处的时候，有时又会突然想到："啊，那天我很唐突地说了那样的一句话。"或者是："哎呀，我当时怎么说了那么破坏气氛的话！"想起来的时候，真是恨不得咬掉自己的舌头。可是，世上没有卖后悔药的，我们只好悔恨地提醒自己，下次不可以再犯。结果经常弄得自己很紧张，甚至惧怕与陌生人的约会。

事实上，每个人在与陌生人交往的时候，都希望对方能主动打破尴尬。因此，我们要想攻破对方的心理防线，就要懂得应该与陌生人聊什么。

迈克是一家外企公司的人力资源经理，最近他招收了一批新员工。让他感到不解的是，这些员工在应聘时一个个都是侃侃而谈，对考官的各种提问都应答如流，可是进入公司后，很多人不善言谈的弱点就暴露出来，即便让他们说些迎言送语式的话，也是面红耳赤，羞涩得不得了。后来，迈克主动找他们谈话，问他们是不是对新环境感到不适应，他们大多低着头，小声嗫嚅："不习惯和陌生人说话。"其中有一个人表示："我也不知道该怎样做才能把自己融入集体。"

迈克笑了笑，随后问另一个把嘴管得死死的新员工："你是不是每次跟人说话都像赶考？"他点头表示"是"。迈克说："你这是患了语言怯生忧郁综合征了。"

恐怕很多人在陌生人面前都出现过这样的情况：因为怯生，所以就会舌头打滚、语无伦次，越想把话说得尽善尽美，越是说得言不达意。这就像一个初次登台的演唱者准备得越充分、演唱效果越是打折扣一样。戴尔·卡耐基在他的《人性的弱点》中提到了人际关系的抑郁症。是什么导致抑郁？是怯生。而怯生的原因反过来归结于我们不懂得如何说出打破尴尬的话。

那么，我们该怎样做，才不会觉得不好意思，并将话说到陌生人心中？对此，我们需要掌握几个要点：

1.开门见山

如果你经人介绍和一个陌生的群体认识，你不知道他们，他们也不了解你，你会不会心跳突然加快，不知道如何是好？

有几种开门见山的开场白，比如，“初来乍到，请大家多关照”“今后我们要一起共事了，我有什么不妥之处，还请各位包涵”“作为新人，能得到大家如此的热情，我真是感动不已”“认识大家很高兴”……这样在群体面前说话，会让众人觉得你热情有加，心理距离也就一下子拉近了。

无论是对一个陌生人还是对陌生的群体而言，沉默不语均被视作对这个群体的拒绝；说话太多也难以让陌生人所接受，而且会让人感到害怕。第一印象是带有根本性的。如果你没有管好自己的嘴，在陌生人面前失言或过分表现自己的所谓口才，那么你就会被陌生人从心里拒绝。而如果你懂得与陌生人聊天的语言秘笈的话，你就能轻松打动陌生人的心，从而轻而易举地跨过与别人之间的栅栏！

2.问话探路

把对方假设成一般过路人，然后像问路一样，找一些自己心里有数却佯装不知的问题请对方来回答，这样你就取得了话语上的主动。无论对方的回答对或错，你均需认真地洗耳恭听，即使对方说错了，你也应该将错就错地表示谢意。因为，这种问话探路的目的并不是找到什么答案，而是打开你和对方语言交流的闸门。

一旦双方对话的闸门被打开，原先那种陌生感自然会消失。因为通常情况下，没有人会恶意地拒绝一个虚心请教者。

相反，只要对方愿意搭你的话，你所预期的社交方案便已经成功了一半。问话探路法只适用于向一个陌生者搭话，若和一个团队接触，则不适用。

3.轻松探微

和一个陌生人初识，有时只需抓住对方工作或生活的某个细节，就能很顺利地叩开对方的心门，激发彼此交流的欲望。

仔细观察一下你身边的陌生人，看看他们是否有比较特别的地方，比如，对方使用的手机款式让你非常青睐，对方的耳环很特别……谈论这些细节很可能立刻吸引对方的兴趣。聊天的话题最好选择节奏感比较轻松明快、无须费尽思量的，这样就不会让人对你的搭话产生反感。有时候，即使无语，只需向对方报以会心的一笑，也会拉近彼此的距离。

当对方有意和你沟通时，无论对方的话是对是错，切忌否定对方，因为毕竟你们还不熟，一旦否定对方，余下的沟通就很难继续，前面你所作的一切努力也会因此而变得徒劳。

密钥

俗话说：“一回生，两回熟。”第一回你若怯生而不语，何来第二回的相熟？要想尽快和陌生人相熟，不说话是不行的，但说话也要看怎么说。如果面对的是群体，你就不能急于回答他们的问题，以防捡了芝麻丢了西瓜。

巧妙寒暄，为沟通迅速破冰

你是否有过这样的经验：你偶然进入一个陌生的地方，那里有你熟悉和不熟悉的人，他们看见你来了，立即起身用几句客套话对你表示欢迎，然后请你坐下来寒暄几句。这样一来，双方的感觉都会不错，感情自然也会更进一步。场面话是交谈的润滑剂，它能在陌生人之间架起友谊的桥梁。双方初次见面时，对彼此都不太了解，往往会陷入无话可说的尴尬场面。这时我们不妨以一些场面话为开头，比如，“天气似乎热了点”，或者“最近忙些什么呢”等等。虽然这些场面话大部分并不重要，然而正是这些话才使初次见面者免于尴尬的沉默。而同时，最为重要的是，会不会说场面话是一个人懂不懂礼数的重要表现。从心理学的角度看，人们都喜欢与知晓礼数的人交谈。为此，说好客套场面话，是敲开陌生人心理大门的一个重要方面。

在交际过程中，经常使用客套话、场面话和寒暄语，可以消除陌生心理，促成彼此间的良好交往，正如培根说过的：“得体的客套和美好的仪容，都是交际艺术中不可缺少的。”所以，会交际的人应当像司机精通交规一样，熟悉和掌握好各种客套话。

在古典名著《红楼梦》中，就有许多经典的场面话。在《刘姥姥进大观园》一回中，刘姥姥找到周瑞的娘子时，两人就用了许多场面话来进行寒暄。

周瑞娘子迎出来问：“是哪位？”刘姥姥忙迎上来问道：“好呀，周嫂子！”周瑞娘子认了半天，方笑道：“刘姥姥，你好呀！你说说才几年呀，我就忘了。请家里来坐罢。”刘姥姥边走边笑道：“你老是贵人多忘事，哪里还记得我们呢。”来至房中，周瑞娘子命小丫头倒上茶来吃，问了些别后闲话后，又问姥姥：“今日是路过，还是特来的？”刘姥姥便说：“原是特来瞧瞧嫂子你，二则也请请姑太太的安。若可以领我见一见更好，若不能，便借嫂子转达致意罢了。”

在这段对话中，刘姥姥与周瑞娘子说的大部分都是场面话。刘姥姥通过一番场面话，让周瑞娘子觉得，刘姥姥虽然是个出身寒酸的人，但还是很懂礼数的。而同时，刘姥姥也化解了自己寒酸身份的尴尬，之后双方再聊起正题就显得亲切许多，自然，周瑞娘子也会给刘姥姥一个见主子的机会。一些本来不好开口的话，经过场面话的客套之后，听起来就舒服多了。因此，在交际过程中，一定要重视场面话的作用，特别是当你与陌生的人或不熟悉的人交往时，场面话无疑是打破距离障碍的第一把钥匙。

一般来说，场面话有以下几种：

1.当面称赞人的话

诸如称赞小孩子可爱聪明，称赞女士的衣服大方漂亮，称赞某人教子有方……这种场面话所说的有的是实情，有的则与事实有相当的差距，但只要不太离谱，听的人十之八九都感到高兴，而且旁人越多他越高兴。因为，每个人都愿意听赞美的话，尤其是公开赞美的话，对方接受起来也更乐意。

2.当面答应人的话

和陌生人交往，如果对方希望你帮什么忙，即使你不能帮忙，也不能当面拒绝。否则场面会很难堪，而且会当即得罪人。你可以说这样一些场面话，诸如“我全力帮忙”“有什么问题尽管来找我”等。给足对方面子，不至于让他下不来台，他也会觉得你是个顾全大局的人。

3.特定场合的客套话

我们要记住一些特定场合下有针对性的客套话。比如，在打扰别人或者给对方添麻烦时，要真诚地说一声“对不起”“不好意思”，若没有这句话，对方可能很长时间还对此事耿耿于怀；在求人办事后，要真诚地说声“谢谢”“拜托您了”，如果没有这句客套，对方会认为你求人的态度不够真诚或者认为你不懂礼节，对你的印象大打折扣；在作报告或者讲话时，可以先客套一下，“我的讲话水平不高，讲得不好，还请大家见谅”“如果讲得不好，还望大家多多指正”……这类客套话看似随口而出，实际上确实起到了表现自身涵养的作用。

密钥

会说场面话的人都是交际场中的老手，即使在陌生场合，不论遇到多高身份的人，也不会觉得不好意思，更不会冷场。可见，场面话的运用就像一把打开话匣子的钥匙，它可帮助你和陌生人顺利地谈话。因此，在与陌生人说话的时候，我们需要掌握一些场面话的说法，在三言两语之间，就轻松让对方为我们打开心门。

主动沟通，打开对方心扉

很多人不愿意开口跟陌生人说一句话，是出于一种防备和自尊心理，在这种时候，你应该学会激起说话对象的某种情绪，让他慢慢打开话匣子。而这就需要我们多说些积极的话语。因为通常来说，人们在快乐与不快这两种情绪中，会下意识地选择快乐的情绪。

举个很简单的例子：设想你正在乘着火车，你已坐了很久了，而前面还有很长的一段路程。你想与他人讲讲话，于是你对对方说："真是一条又长又讨厌的旅程，你是否也有这种感觉？""是的，真讨厌。"对方肯定会这样回答。而接下来，你会发现，无论你说什么，他对你的回应都会是草草了事。这是为什么呢？因为你的开场已经给他带来了不快的情绪。语言可以表现一个人的人格。积极的语言会感染别人，使得他人得到鼓舞和关怀。我们来看看意大利著名女记者奥琳埃娜·法拉奇的一次采访经历：

20世纪80年代，法拉奇打算到中国对某位领导人进行一次专访。然而，当时中国刚刚改革开放，在此之前中国与西方世界有着长达几十年的冷战，法拉奇非常担心这次专访能否成功。于是，在采访前，她翻阅了许多有关采访对象的书籍，在看到一本传记时，她注意到这位领导人的生日是1904年8月22日。于是，她脑海中有了些想法。

1980年的8月22日，中国某领导接受了法拉奇的专访。

"先生，首先我谨代表我们意大利人民祝福您，祝您生日快乐！"法拉奇十分谦逊有礼地说道。

"我的生日？我的生日不是明天吗？"领导说道。或许是工作太繁忙了，他已经忘记了自己的生日。法拉奇这么一说，他自己也搞糊涂了。

"不错的，先生，今天确实是您的生日。我是从您的传记中知道的。"法拉奇信心十足地说。

"噢！既然你这样说，就算是吧！我从来也不知道什么时候是我的生日。就算明天是我的生日，我也已经76岁了。76啊，早就是衰老的年龄了！这也值得祝贺？"显然，法拉奇的问候已经让这位领导对她有了好感，所以他不禁和她开了个小小的玩笑。

“先生，我父亲也是76岁了。如果我对他说那是一个衰退的年龄，他会给我一巴掌呢！”法拉奇也和他开起了玩笑。那位领导听后，哈哈大笑。“他做得也许对。不过，我相信你肯定不会对你父亲这样说的，对吧？”

融洽的采访气氛就这样十分轻松地形成了，接下来便是法拉奇此行的真正目的，她将谈话引入正题，采访顺利进行。

法拉奇之所以能获得成功，是由于她这一番积极的寒暄：76岁对于一个人来说，的确是一个衰退的年纪，但她巧妙地开了个玩笑：“我父亲也是76岁了。如果我对他说那是一个衰退的年龄，他会给我一巴掌呢！”很明显，她这一番话营造出了积极轻松的交谈氛围，也消除了她与领导之间的陌生感，这样一来，切入正题就变得顺利多了，所以她的问题都得到了满意的答复。

那么，我们如何说才能打开对方心扉呢？

1.用有积极意义的语言应对

什么是积极的语言呢？积极的语言就是能促进彼此交谈、加深彼此友情的带有积极意义的语言。比如，当你和陌生人说话时，对方对你的态度突然间冷淡下来，这时与其一个人冥思苦想“难道我说了什么伤感情的话”，不如试着直接问对方：

“我是不是说了什么失礼的话？如果有的话请您原谅。”这样一说，即使对方真的有什么不满，心中的不悦也会烟消云散。因为你的坦诚已经让他原谅了你。

2.说话要真诚

在不同的说话态度下，语言既可以成为建立和谐人际关系的最强有力的工具，也可以成为刺伤别人的利刃。如果没有发自内心的关怀，即使用再多华丽的语言，也会被对方看穿。所以满怀真诚是最重要的。

3.对方的优点或值得夸奖的地方要马上夸奖

夸奖陌生人，要比赞扬熟人难，因为彼此还不熟识。对此，我们需要细心观察，找出其可赞扬之处。比如，从对方的穿着、打扮、配饰开始：“您今天穿的西服颜色真漂亮！”注意不能夸大，若初次见面你就说出太多的恭维话，必定会让对方觉得你是在溜须拍马，进而对你非常反感。所以，赞美也要出自真情实感。

4.不要说对方不爱听的话

使语言不至成为利刃的最低条件是什么呢？那就是不要说对方不想听的话题。对此，我们应慎选话题，这样一些话题不宜提及：对方深以为憾的缺点和弱点；上司、同事以及一些朋友的坏话；人家的隐私；不景气、手头紧之类的话；一些荒诞离奇、黄色淫秽的事情；年龄、婚姻情况、家庭财产；个人恩怨和牢骚；一些尚未明辨的隐衷是非；令人不愉快的疾病详情；自己的成就和得意之处。这些都是敏感的话题，也是禁忌的话题。不说对方敏感的话题是建立和谐人际关系的准则。

密钥

总之，与陌生人说话时，应多说积极的话语，令对方感到振奋开心，这对于我们成功影响对方心理、打开交际局面是大有帮助的，也是我们必备的一项说话本领！

第08章　汇报工作，不卑不亢显真才实学

俗话说得好：会做的不如会说的。作为职场人，你如果想只凭借熟练的技术和诚恳的工作态度就在职场游刃有余、出人头地，未免想得有点太简单。尽管能力和勤奋都很重要，但会说话，善于向领导汇报，做到亲疏有间，也不容忽视。

工作既要认真，又要善于展现自己

许多人可以说是勤奋员工的典范，在职场中，他们总会恪守脚踏实地的原则，做任何事情都是循序渐进。他们明白，如果要想获得成功，就必须从小事做起，哪怕是一件微不足道的小事。他们更愿意通过慢慢添加一砖一瓦，踏踏实实地坚守自己的位置，最后打造出属于自己的一片天地。不过，正因为他们专注于勤奋地工作，而丧失了许多展示自己的机会。其实，在现实职场中，不仅要勤奋工作，更需要懂得展现自己，如汇报工作。

孙女士在一家公司上班，她工作认真，人也很聪明。她一直在业务部工作，做生意通常是靠长年累月积累的良好的客户关系。她在同一个工作岗位上做了好几年了，虽然她的薪水优

厚，上司与同事都很喜欢她，但她并没有因此而平步青云。

孙女士工作那么优秀，也很受上司和同事们的喜欢，但是为什么一直没有平步青云呢？因为她过于内向，不善于表现自己，特别是不善于向上司汇报工作。孙女士的能力是很强，可能上司也欣赏她，但是上司更欣赏的是敢于向自己邀功的员工。

小万是才到公司的新员工，刚刚大学毕业，正是“初生牛犊不怕虎”的年纪。有一次，在公司例行大会上，董事长表示自己手上有一个重要的企划案，希望在座的哪位拿去策划一下。同事们面面相觑，你看我，我看你，都面有难色，谁也不敢接这个烫手山芋。

小万刚开始觉得自己是新人，不敢抢同事的功。可是，在等了几分钟，还是没有人去接企划案的时候，性子急的小万坐不住了，腾地站起来说：“我想试试。”董事长看见有人能站起来接这个任务，也露出微笑，但看见是一个才来的新员工，又是个女孩，就显得很不放心：“你能行吗？”这可激起了小万的好胜心：“一定行，给我一周的时间，我会把它做好的。”

于是，在一周后的公司例行大会上，董事长拿着一份企划案，赞许地看着小万：“你是最棒的！希望你继续努力，公司需要你这样的人才。”立即，会场响起阵阵掌声。

正是因为小万大胆地站起来表达自己的想法，并用实际行动证明了自己的能力，她才赢得了全公司的认同。如果小万在会场上一直沉默，那么，她就不会得到展示自己能力的机会。正是她大胆说出自己的想法，才让老板对她赞赏有加。如今的社会，人才济济，如果你不把握适时的机会，说出自己真实的想法，展现自己的能力，那么你就会永远地埋没自己。既然你足够优秀，就要勇敢地表现出来。即便对方了解你的优秀，也不代表他定会重视你；要想得到他的重视，就要敢于表现出来，哪怕是向他邀功。邀功并不是骄傲的体现，反而恰恰是你能力的表现，如果你真的是有功之臣，理应得到重视。

当然，在日常工作中，我们也需要认真做事，体现自己作为一个工作人的职责与精神。一个教师按照教学大纲的要求备好课上好课，这是一种职责；而如果教师在传道授业解惑的同时还可以顾及学生的体验，争取用最佳的办法、最好的形式以及最合理的时间把知识传授给学生，那就不仅是简单地完成任务，而是认真做事了。

密钥

对于我们而言，在职场不仅要努力工作，脚踏实地，还需要展示自己优秀的一面。现代社会，“酒香也怕巷子深”。如果你只是埋头工作，不被人记住，那是可悲的。或许，你自以为已经很努力了，但事实上这对于你本人的晋升来说是远远不够的。

努力工作，也要经常汇报工作

许多人简单地以为工作就是将领导安排下来的任务完成，事实上汇报也在工作职责之内。对于领导交代的任务，员工要懂得积极地回复，工作进行到哪种程度、有什么样的结果，都应该如实汇报、积极主动汇报。因为，只有在接收到员工的信息之后，领导才可能会基于最新的工作信息作出最具效果的决策。

很多时候，领导作为统筹的人，并没有太多的空闲时间来主动询问你工作情况怎么样，很有可能因公事繁忙而忘记这个事情，为此，作为员工的你应该牢记本分，主动汇报工作。一方面，汇报工作可以使领导详尽地了解工作进展情况；另一方面，有利于督促自己加快工作的进度。如果不养成主动汇报工作的习惯，或因疏忽遗忘而没做，或者已经做完，却没有将完成的结果上报，最后再回想这件事时，可能已经错失了处理的最佳时机，甚至有时，可能演变为不了了之的结果。

小冷是一位性格比较内向的女孩子，工作能力也是有目共睹的，她在公司主挑大梁，做任何事情都是兢兢业业，不过，她一直很不开心。

作为公司唯一的文案，小冷承担了公司的大部分工作，如编辑、策划、文案等文字类工作。但事实上，这对于小冷而言，是一个不小的挑战，她只是擅长写文章，对策划和文案一窍不通。领导却总是说："你可以多看看，这个很简单，而且有模板可循。"小冷是一个不善言辞的女孩，她只能偶尔抱怨着，赶鸭子上架般去接下这些工作。

有时候，在工作中遇到了困难，小冷也是自己闷着，不向老板汇报。在她看来，既然领导认定让自己做，再怎么说困难，领导也会让自己坚持下去，所以说了等于没说。她摸索着做这些完全不同的任务，痛苦煎熬着。每次领导问工作进度怎么样了，小冷总是模糊应答："嗯，快了。"后面领导再问，她也会说："进行得很顺利！"到了最后，她把整个策划案交给领导，说："完成了。"

就这样，在两年的时间里，小冷一直做着不同种类的工作，感觉很憋屈，却不懂如何向领导求助、汇报。

像小冷这样的员工可以说是"职场第一傻"，他们总是埋头苦干，心甘情愿接下任何工作。当领导询问："有什么困难没？"员工总是回答："嗯，进展得不错。"当领导再问："完成了吗？"员工回答："是的，马上就快完成了。"这样一来，领导会觉得“原来这件事这么简单”，而员工在工作背后所做的功夫却被忽视了。而且，如果工作出现了困难却不向领导汇报，那万一自己解决不了呢？即便是自己最后解决了问题，领导也只会觉得，“或许工作本身就很简单，所以他一点都没向我请教”。

作为员工，我们需要养成汇报工作的好习惯。一些员工恰恰是在汇报工作时脱颖而出，从而赢得了领导的肯定与器重。而那些平时不喜欢汇报工作的员工，由于担心领导知道自己一事无成，尽可能将汇报的频率降到最低限度；或是自以为汇报只是形式，根本没什么价值，觉得汇报工作或写书面汇报很麻烦。有的员工则是因为在之前的工作汇报中受到了批评，如写了很差劲的报告而被指责，所以他再也不想汇报工作了。还有一些员工尽管工作做得非常好，但就是不擅长汇报。其实，不管你属于哪一类型的员工，你都应该意识到汇报是工作的一部分，并且是至关重要的一部分。

不懂汇报工作，又如何能在职场脱颖而出呢？一般而言，越早学会主动汇报工作，就越能够早一点引起领导的注意，获得晋升的机会。在管理界流传着这样的一句名言：下属的汇报永远不能达到领导的期望。通常情况下，做领导的根本不知道员工在做些什么工作，又在为什么而烦恼。所以，在日常生活中，员工要养成经常与领导沟通的习惯，及时向领导汇报工作，一旦工作有什么问题，就立即与领导商量对策。如果是书面报告，需要写得详细清楚，千万不要敷衍了事。

1.善于汇报，让领导放心

一个员工如果不主动汇报自己的工作，反而会让领导心中产生这样的疑惑：他好像每天都很忙，不过他到底在忙些什么呢？因此，员工需要主动报告自己的工作进度，让领导放心，不能任由小小的错误发展到不可挽回的结果，造成不可弥补的损失。早一点向领导汇报工作进度，一旦发现错误，就能及时纠正。

2.善于汇报，容易得到领导的赏识

向领导汇报工作是员工的基本功，每次工作汇报，都可以让领导肯定你的成绩，甚至对你刮目相看。反之，如果不善于汇报工作，领导看不到你的工作成绩，则可能否定你的工作与成果，甚至质疑你的能力。

密钥◆◆◆

我们可以说，一个成功的人必然是一个善于汇报工作的人。在实际工作中，工作汇报能力是多数人众多能力素质中需要补齐的短板之一。作为员工，我们应该努力养成主动汇报工作的习惯。

别等领导问询，主动汇报工作让领导更放心

汇报工作可以分为主动汇报和被动汇报，简单地说，主动汇报就是下属主动向领导汇报工作的进展情况，被动汇报工作就是领导询问起来的时候，下属所做的汇报行为。这两种不同的汇报方式，决定了其不同的结果。通常，对于领导而言，他们都乐意听取工作汇报，但是许多年轻人将向领导汇报工作看作一件可有可无的事情，甚至觉得主动向领导汇报工作有溜须拍马、阿谀奉承之嫌。他们天真地以为，只要自己出色、圆满地完成了任务，就万事大吉了，一旦领导看到自己的工作能力，自然就会作出公正的判断。但事实上最终的结果是，这些有着天真想法的下属并没有得到应有的重视。

一般而言，领导部署的工作是极其繁杂的，所完成的时间也有所差异。有的可能只是复印的工作，这样的工作时间算是比较短的；有的则是写调查报道，估计得一个月才能完成。工作时间的跨度不一样，下属的做法就应该不一样。对于那些较长时间才能完成的工作，则需要时不时地向领导积极汇报工作进度，让领导及时地了解自己的工作情况。但遗憾的是，大部分的下属都缺少这种习惯，或者说，他们内心有这样的想法，但无法养成一种习惯。

实际上，如果下属不主动汇报自己的工作，则会让领导

产生疑问：下属每天都在忙，到底在忙些什么呢？因此，作为下属，我们一定要养成主动汇报工作的习惯，这会让领导更放心，不要滞留小小的错误，以至于到最后酿成大错。如果你能及时地、主动地向领导汇报工作，那么，一旦出现了问题，他就可以及时地纠正你。

小辉是一个工作能力比较强的人，他来公司已经一两年了，虽说为公司做出了不少成绩，但一直得不到领导的重用。小辉百思不得其解，同事中那些不如自己的人，每个都混得了一官半职，就只有自己还在原地踏步。

这天小辉在公司值班，他们公司是生产玻璃瓶子的，要求平时工作细心，容不得半点差错。因此，小辉几乎是不敢眯眼的，两只眼睛一直看着机器的运转，希望每个环节都不要出事。可就在小辉巡视车间的时候，发现本来均匀的原材料竟然冒出了气泡，这可是不合格的。怎么办呢？小辉看了看时间，已经是晚上九点了，这么晚了，估计领导都休息了，自己先看着，明天再汇报吧。结果小辉一晚上没合眼，幸亏那气泡不是很严重，只出了十几个次品，小辉也就不打算向领导汇报这个情况。

可不知道领导在哪里知道了这个情况，赶紧让小辉去了办公室，对他大发雷霆。领导拍着桌子，说："你为什么不主动向我汇报产品的情况？你知不知道，像昨晚那种情况，很可能酿成大错！小辉，你不是一直很想知道自己为什么不被重用吗？其实原因很简单，因为你从来没向我主动汇报过工作，我不知道你一天在忙什么，忙出一些什么成绩。如果你不与我进行交流，我怎么了解你工作的相关情况呢？又怎么会重用你呢？”

案例中，由于小辉从来不主动向领导汇报工作，结果让领导失去了对他的信任。即便他很有工作能力，若不及时与领导沟通，再大的本事也是枉然。作为下属，你主动及时地向领导汇报工作，不仅会让领导对你很放心，还会让你与领导之间建立良好的互信关系，让领导可以主动地对你的工作予以指导，从而帮助你更为顺利地完成工作。

有的下属不愿意主动向领导汇报工作，其实是没有摆正心态。他们对领导存有畏惧心理，特别担心在工作中出现纰漏或错误，唯恐领导责备，害怕向领导说到工作的情况；还有就是迫于周围同事的压力，他们认为多向领导汇报工作就会被同事误认为这是在打小报告，这样一些心态最终影响了他们汇报工作的态度。

汇报工作很重要，不过，在汇报工作时也应该注意一些技巧：

1.注意汇报工作的顺序

通常情况下，汇报工作的顺序是先汇报成果，再汇报问题。领导作为听者，他并不乐意一开始就听到一大堆的困难和麻烦。所以员工在汇报工作时，尤其是综合性汇报，如月度工作汇报，应该先汇报已经完成的工作，再提出存在困难的工作，而且最好谈论一下自己的解决思路和建议。

2.注意重点和思路

员工在汇报工作时还应该注重重点和思路，宜条理分明。应提前做好资料的收集和准备工作，力求在汇报时条理清楚。尤其是对于领导部署的重点工作，即使没有完成，也最好说明阶段性的进展情况。

密钥

下属应该清楚，主动汇报工作本身就是一种工作，你越是能及时主动地汇报，领导就越早放心。再说，身正不怕影子斜，只要真的是在汇报工作，管其他同事说什么，做好自己的工作就行了。

提升口才，打通职场晋升的通道

职场的氛围并不是每时每刻都是轻松愉快的，当空气沉闷、环境压抑的时候，如能适时地调节气氛，秀出你的口才，会有很多人聆听你的话语，这无疑有利于工作的顺利进行。沉默、木讷的人不会赢得人们的喜欢，妙语连珠的人不仅能赢得众人的好感，而且会让领导刮目相看。

不是所有的人都能言善辩，精于言辞。有的人天性胆小，沉默寡言，不敢高声说话，更害怕喧嚣吵闹，遇到事情能躲则躲，从来不敢迎刃而上。这样的人，在职场中很少引起人们的注意，除非逼不得已，人们才与他聊上几句。在人们看来，这种人似乎很乏味，很单调，只适于做一些简单固定的事情。公司的重大决策和活动，他们很少出现，即使出现，也会被遗忘在角落。职场中的他们常常偏于一隅，默默地做着自己的工作。即使受到委屈，也不知道怎么向人倾吐，也从不敢抱怨，心中的苦闷无处发泄，烦恼就会滋生。其实，口才并不是天生的，需要经常锻炼。一个沉默寡言的人，只要努力学习职场语言，能够运用得恰到好处，同样能够善得人缘。

在职场中，口才好的人注重谈话艺术，措辞严谨、伶牙俐齿，说起话来滴水不漏，不给对方留有反驳的余地，这往往会使其占据上风。领导对于这样的人欣赏有加，常会对其委以重任。这样的人也不会辜负领导的期望，他会凭着自己的优势完成领导交予的任务。职场中，我们经常可以看到这样的人，并被其高超的谈话技巧吸引和征服。

小孙是众人羡慕的白领，薪资很高。在公司工作了一段时间后，她就发现，公司的运营方式虽然十分先进，但是环境非常沉闷，每天大家都在埋头做自己的工作，似乎都存在着戒备心理，谈起话来距离很远，让人感觉不到一点温暖。这让原本快乐的小孙感到非常压抑。

这还是其次。最近，小孙的工作负担越来越重，许多工作都是老员工强加给她做的。繁重的工作使得小孙感觉特别劳累，她决心不再保持沉默。当一个老员工又给她摊派任务时，小孙直接地指出，那不是自己的分内事。那位老员工也许没有想到小孙敢出口拒绝，神情很尴尬。此后，再也没有人敢给她增加工作量了，负担减轻了，小孙的心情也变得轻松了。其他人看着小孙敢说话，感觉她很直率，开始乐于和她交往。原本性格开朗的小孙给大家带来了很多欢乐。她诙谐有趣的话语活跃了公司的气氛，这很快吸引了领导的目光。

能够为大家带来快乐，小孙的心里非常高兴。她还提议公司组织活动增强团体的凝聚力，这得到了领导的支持。在活动中，小孙非凡的组织能力和口才再一次让领导刮目相看。不久，公司要洽谈合作项目，领导委派小孙出席会议。小孙从没有想到自己能有这样的良机，这可是展现自己才华的好机会。合作项目推介会上，小孙刚柔并济，凭借出色的口才说服了多家商家和个人合作加盟，公司签订了多项合作项目，小孙的职位也因此得到了提升。

秀出你的口才并在适当的时机展现出来，能受到众人的喜爱、领导的重用，自己的聪明才智也能发挥出来。正如事例中的小孙那样，在别人强加给自己额外的工作、自己不堪重负的时候，能够大胆地拒绝、反驳；在冷淡的氛围不利于工作时，能够调节气氛，使周围的人愉快和谐地相处；在公司需要发展时，能够拓展合作项目，为公司带来效益。这些靠的就是口才。必要的时候，口才就是提升自己的强大动力。

密钥

不要因为自己的胆小卑怯而后退，也不要因为自己的口舌笨拙而感伤。抓住良机，秀出你的口才，击中要害、字字珠玑、句句似玉，使对方的强硬化作软弱，促成自己的成功。这样，才能在职场中舞出自己的风采，散发人的魅力，受到领导的重用。

第09章　管理下属，宽严相济凝聚人心

著名领导力大师沃伦·本尼斯曾说：“领导者与常人的区别在于，领导者能够把握说话的技巧，清楚明白地表达人类共同的梦想。”口才是领导能力的重要组成部分，管理下属要恩威并施方能稳定人心。

表达对下属工作的肯定，激励下属继续努力

在日常工作中，相信大多数的上司都是追求完美的人，总希望布置给下属的工作能够被及时、有效地完成。事实上，追求完美的人对凡事都要求很高，可以说，这也成为了领导的一个缺点——你的苛刻使得下属感受不到你的肯定与激励，他们所感受到的只有失望。作为领导者，当下属的工作已经做得很好的时候，你需要快速加以肯定，及时说出下属的业绩表现。在这个过程中，你肯定了自己的下属，也就相当于肯定了自己。一说到如何激励下属，不少领导者就抱怨：“我一没有给下属提升晋升的职权，二没有给下属加薪发赏的钱，你让我怎么激励下属？光要嘴皮子怎么行？”但实际上，一些有作为的企业家和领导者在实际中总结出的不少行之有效的低成本甚至

零成本的激励方法，其中之一就是“迅速说出你下属的业绩表现，令下属感受到你的关注”。

英国女演员和诗人乔吉特·勒布朗说：“人类所有的仁慈、善良、魅力和尽善尽美只属于那些懂得鉴赏它们的人。”任何一个下属都希望得到别人的肯定，尤其是上级的认可。美国著名的企业管理顾问史密斯指出：“一个员工再不显眼的表现，若能得到领导的认可，都能对他产生激励的作用。”

在现实工作中，许多员工竭尽全力地把工作做得很出色，却从未得到过认可，哪怕是一声“谢谢”，这是因为绝大多数领导者想当然地认为将事情做得出色是下属的本分。事实证明，领导者如此的“忽视”会让下属感觉很受伤，作为领导者，在下属工作出色的时候，你应该迅速说出下属的业绩表现，令下属感受到你的关注。

在这次工作中，小王出色地完成了任务，他兴高采烈地对主管说：“我有一个好消息，我跟了两个月的那个客户今天终于同意购买了，而且订单金额会比我们预期的多25%，这将是我们这个季度价值最大的订单。”但是，这位主管对小王的优秀业绩的反应很冷淡，他毫不在意地说：“是吗？你今天上班怎么迟到了？”小王说：“路上堵车。”这时，主管严厉地说：“迟到还找理由，都像你这样，公司的业务还怎么做！”小王垂头丧气地回答：“那我今后注意。”于是，原本高兴的小王一脸沮丧地离开了主管的办公室。

我们可以从这个案例中看出，当小王寻求主管激励的时候，主管不仅没有任何表扬，反而只因小王偶尔迟到之事就主观、武断地严加训斥本该受到表扬的职工。当然，最后的结果是小王的积极性受到了很大的打击，希望获得肯定和认可的心理需求没有得到满足。

其实，在现实工作中，领导对下属的激励并非一件难事，对下属进行话语的认可，或者传递鼓励的表情，都可以满足下属希望被重视、被认可的需求，从而达到激励的效果。

杰克·韦奇说：“我的经营理论是要让每个人都能感觉到自己的贡献，这种贡献看得见，摸得着，还能数得清。”当下属完成了某项工作的时候，他们最需要的是来自领导对自己工作的肯定。可以这样说，领导的认可就是对其工作成绩的最大肯定。

保罗·莫任担任了多年的职业管理者，他也曾一度认为下属将事情做得出色是其应该完成的工作。他这样解释说：“过去，我常常忽视对下属的成绩给予肯定，因为我个人对于这方面从来没重视过，因此，我往往忘记了对别人的成就给予表扬。相反，我认为他们所取得的成就只不过是他们规定工作中的一部分，而规定的工作是不需要特别认可的。”

后来，莫任到了太平洋贝尔公司工作，他对于给予下属认可并及时对成功给予表扬的重要性有了新的认识。他发现，事实上，这对于下属来说是很重要的，因此他决定改变自己的领导习惯。为了提醒自己公开认可的重要性，他特别编制了一张认可他人的优先性列表。每当自己的团队取得一个关键的成就的时候，他都会亲自走到项目组的每个人面前，和对方握手。偶尔，他还会挑选出几个重要的团队成员，带他们出去吃饭。他也会亲自打电话给每一个团队成员，感谢他们在项目中付出的努力。另外，他还常邀请大家共同参加一个小型的办公室聚会，一起享用蛋糕和咖啡。

在采取了如此多的肯定下属业绩、激励下属的措施之后，在短短时间里，莫任就看到生产效率提升了，缺勤率降低了，同事之间正在形成更紧密的人际纽带。与此同时，与他一起工作的员工有了更大的主动性，他自己的工作也变得简单起来。互相合作的工作氛围带来了更好的沟通，这样一来，下属之间的冲突减少了。

当然，快速说出下属的业绩是给予下属的一种赞誉和褒扬，也是一种相处艺术。这样有利于下属扬长避短，也能有效地调动下属工作的积极性和创造性。

1.细微处认可下属的业绩

企业顾问史密斯指出，每位下属再小的业绩如果能得到领导的认可，就有可能对下属产生激励的作用。对领导者来说，认可下属的业绩，是件非常简单的事情，如拍拍下属的肩膀、写张简短的感谢纸条，这些非正式的小小认可，甚至比公司一年一度召开的盛大的模范表彰大会效果更好。

2.适当赞美

在日常工作中，大多数领导者都吝于称赞下属做得如何，其实，在上下级相处过程中，适当的赞美是必备的技巧。赞美下属并不复杂，这是一个无关时间与地点的问题。作为一个领导者，你可以随时随地地赞美下属，以此让下属感觉到受重视。

密钥

领导对下属工作业绩的认可是一个秘密武器，但认可的时效性最为关键。同时，如果用得太多，价值将会减少，如果只是在某些特别场合和下属获得少有的成就时使用，价值就会增加。相应地，领导者可以发一封邮件给下属，或者是打一个私人电话祝贺下属取得的成绩，或者是在公众面前跟他握手并表达对他的赏识。

鼓励下属，激发下属工作的积极性

每个人都渴望被鼓励与赞扬，哪怕只是一句简单的赞语，也会给人带来无比的温馨和振奋。某企业家说：“人都是活在掌声中的，当部属被上司肯定、受到奖赏后，他会更加卖力地工作。”换句话说，巧妙的鼓励与赞扬，可以激发出下属无限的潜能。鼓励与赞美合乎人性的领导法则，得体的赞扬，会使人感到开心、快乐，这时候，下属会发出这样的心声：“我就知道他是真挚地关心我、尊重我，并且熟悉我的工作内容。”同时，领导者会得到意想不到的回报，因为，当人们感到自己受到肯定和重视的时候，他们会以感恩之心表现得越来越出色、越来越精彩。

工作成绩被肯定，是下属最期望得到的，当他们得到赞扬和鼓励之后，会本能地焕发出更多的光和热，既然如此，领导者为什么不学着慷慨一些呢？尝试着去寻找下属身上值得自己赞扬和肯定的东西，鼓励对方并真诚地告诉他。领导最基本也最关键的工作是管理，而管理的本质是激励，而这恰恰需要赞扬和鼓励。激励既是行为的钥匙，又是行为的按钮，按动什么样的按钮，就会产生什么样的行为。领导要想下属能够跑起来，就需要激发出他们的全部潜能，拿到激励那把钥匙。海尔企业的用才理念是“人才是激励出来的”，而海尔企业也认为激励是提高员工素质最有效的手段。

美国南北战争开始时，北方联军连吃败仗。后来林肯大胆启用了一位将军——格兰特。他出身平民，衣着不整，言语粗俗，行为莽撞，有人还说他是个酒鬼。林肯心里明白，所有关于他的传言都是夸大之词……后来，竟然有人要求林肯撤掉格兰特的军职，理由是他喝酒太多。林肯则不以为然，他赞扬格兰特说："格兰特总是打胜仗，要是我知道他喝的是哪种酒，我一定要把那种酒送给别的将军喝。"格兰特没有辜负林肯的信任，他为结束南北战争立下了赫赫战功，证明自己的确是一位能力卓越的将军。后来，他成为美国第十八任总统。

在这里，林肯适当的赞扬加鼓励，激发出了格兰特将军潜在的热情，形成了良性的连锁反应。而且，这是一种愉快的潜隐刺激伴随说服性交流信息而产生的巨大作用。最终，格兰特将军焕发出积极的热情，为结束南北战争立下了赫赫战功，他成为了林肯所说的"总是打胜仗的将军"。

有一个女孩，五岁就开始登台演唱。她有着优美的歌声，她的天分从一开始就显现无疑。长大后，她的家人请了一个很有名的声乐老师来训练她。不论何时，只要这女孩一想到放弃或节奏稍微不对，老师都会很细心地指正。后来，她的老师离开了，她那优美的歌声发生了变化，声带拉紧、硬绷绷的，不再像以前那样动听。最后，几乎没有人邀请她了。后来，有一位男孩追求她。每当她哼着小调或一个乐曲旋律时，那位男孩都会惊叹歌声的美妙："再唱一首，亲爱的，你有全世界最美的歌喉。"她重新焕发出对音乐的热情，又开始前往世界各地演唱。

事实上，男孩并不知道她唱得好不好，但是他确实非常喜欢她的歌声。如此的赞扬与鼓励，使得小女孩潜在的能力爆发出来，我们可以预见，她今后肯定会成为一名出色的歌唱家，而这一切都是赞扬与鼓励带来的。

赞扬与鼓励，不仅满足了下属的心理需求，而且能够增强下属的自信心，激发出下属的无限潜能，促使下属不断地取得进步。

密钥◆◆◆

生活中是不能缺少赞扬之词的，有了赞美才有了愉悦的心情，才能与他人建立和谐友好的人际关系。作为领导者，你不仅要学会赞扬，更要不吝于赞扬。每位下属都有他的闪光点，当我们发现了下属的优点的时候，就要大方开口赞扬他。

批评讲技巧，让下属乐于接受

对于每一个领导来说，批评是一种必要的强化手段，批评与表扬是相辅相成的。批评也要讲艺术性，批评本身是一种指责，如果运用不当，下属就只会记住你的批评而不是自己的错误。作为一个领导，你应该尽量减少批评带来的副作用，尽可能地削弱下级对批评的抵触情绪，这样才能达到比较理想的批评效果。但在某些领导看来，批评就是全盘否定，只看到别人的缺点，忽视其优点。

史金纳教授提出了自己教学的基本观点："用激励代替批评。"他是伟大的心理学家，他用动物和人的实验来证明：当减少批评、多多激励对方的时候，他所做的好事就会增加，而那些比较不好的事情就会因为受忽视而逐渐萎缩。激励富有一种强大的力量，它可以让人重新改变自我，发愤图强，把自己的所有精力化为工作的热情。所以，领导在面对下级出现的一些小问题、小错误的时候，批评下属要尽显善意，少一些批评，多一些激励，这样才能够让他全身心地投入工作，而他身上的那些小问题、小缺点就会因为你的忽视而逐渐消失不见。

很多年以前，一个十岁的小男孩在一个工厂里做工。他从小就喜欢唱歌，并且梦想着当一个世界闻名的歌星。当他遇到他的第一位老师的时候，他满是自豪地把自己的梦想告诉老师。可是老师非但没有给他鼓励，反而使他泄气，老师表示怀疑地说："你根本不适合唱歌，你五音不全，唱歌的时候简直就像是风在吹百叶窗一样。"

他很伤心地回到家里，但是他的母亲——一位穷苦的农妇则不以为然，她亲切地搂着自己的孩子，激励他说："孩子，你能唱歌，你一定能把歌唱好。瞧，你现在已经有了很大的进步。"于是，母亲节省下每一分钱，送她的儿子上音乐课。正是这位母亲的嘉许，给了孩子无穷的力量，也从此改变了他的一生。他的名字就叫恩瑞哥·卡罗素，他成为了那个时代最伟大、最著名的歌剧演唱家。

母亲的激励与老师的批评形成了鲜明的对比，显然，母亲的激励是善意的，而老师的批评虽然说不上恶意，但确实刺伤了小男孩幼小的自尊心。试想，如果这位小男孩没有得到来自母亲的激励与赞许，只是沉浸在被老师无情打击的痛苦中，那么，这个世界也许就失去了一位著名的歌剧家。

在工作中，领导应适当表露自己的善意，对下级少一分指责、多一些嘉许，这样，不仅让事情做起来得心应手，也会给予对方愉悦的心情，何乐而不为呢？领导不应该怀着私心，或自己对某些事物不感兴趣，就对他人的行为采取贬低或者批评的态度。少一些批评，多一些激励，也许就是你那一句微不足道的激励，给了那些需要动力的人无穷的力量，给了那些身处逆境的下属奋勇向前的信心。

李先生是一位成功人士，他在回忆自己的成长经历时提到以前的一位老师，很有感慨地说，如果没有老师当年讲的话，可能就没有自己的今天。

李先生说，自己从小调皮捣蛋，整天打架，无心学习，顽劣成性，没有哪个老师能把他驯服。后来有位年轻的女老师当了他的班主任，在一次他把邻班同学的头打破以后，老师找他到办公室，温和地对他说："我一直认为你是个聪明的学生，你看你这次考试又有进步了，老师希望你能够继续努力学习，把自己的聪明劲用到学习上来……"

他说老师的话对年少的他触动很大，他没想到老师会真诚地夸奖他，认为他很聪明。于是，他决心改掉所有的劣习，好好学习。最后，他终于成功了。

一样是批评，有的人却说得更动听，更能打动人心。如果没有那位女老师激励的话语，也许李先生就不会拥有如此成功的人生。批评本身是具有伤害性的，而卓越的领导，则会把批评的伤害性降低到最低限度。这样一来，下属在遭受领导的批评之后，只会对其充满感激，而非抱怨。

1.以激励代替批评

世界上做出巨大成就的伟人，或多或少都是因为听到来自身边的人一句激励的话语，才取得举世瞩目的成绩。如果爱迪生母亲没有对儿子孵鸡蛋的行为表示肯定与赞许，也许爱迪生就没有后来的辉煌成就；英国作家韦斯特若没有得到老校长的激励，可能就写不出那些伟大的著作，英国文学史上就缺少了不朽的一页。在工作中，对下属多一些激励的话语，少一些批评的话语，才能激发他的内在潜能，使其更好地为工作效力。

2.启发式批评

批评的目的就在于使下属能够认识自己所犯的错误，并且能够及时改正。而要想使下属从根本、从内心认识到自己的错误，就需要你从深处挖掘错误的原因，然后晓之以理，动之以情。你要用一些容易理解的话语慢慢启发他，循循善诱，帮助下属认识并且改正错误。

3.警告式批评

如果你的下级所犯的并不是原则性的错误，或者没有直接犯错，作为领导，你就没有必要“真枪实弹”地对他进行严厉的批评。你可以用比较温和的话语，只是巧妙地点明问题所在；或者用某些事物进行对比、影射，只要点到为止，对他起到一个警告的作用就可以了。

密钥

其实，从批评要达到的目的来说，我们可以把批评当作“提醒”“激励”，而不是去否定一个人。尤其是对于领导来说，自己对下属的批评要尽显善意，在坚持原则性的基础上教育几句就行了，千万不要言辞刻薄，恶语相向。如此，下属才能接受你的批评，而且他们还会对你充满莫大的感激。

论述问题，要言简意赅

语言是一门艺术，这是众所周知的。但领导干部要真正掌握这门艺术，使自己的讲话更有针对性，增强吸引力、号召力，只有毫无力度的说教语言是无法达到这一效果的。毕竟领导讲话的最终目的，就是要讲出征服人心的道理，要做到正言昭人、以理服人，必须在内容上有深度，摆出的事实雄辩有力，阐述的道理无懈可击，能够引人入胜、催人奋进、让人警醒。

普京蝉联俄罗斯总统后，举世注目。他当选后在想什么，又将如何开始自己的工作？普京当选后向全国公民的致辞及答记者问，满足了人们的心理需要。以下是2004年3月16日普京当选后向全国公民的致辞的节选：

“首先，我非常乐意回答在座记者的提问，同时我也想向我国公民致词。我想感谢今天所有来到俄罗斯总统选举投票站并投票的人！

“我想感谢所有投在任总统——你们忠诚公仆票的人，感谢投其他候选人票的人……

“其次，我想感谢所有在大选中支持我的人，以及虽因某种原因没有参加大选但对我抱有好感的人。现在可以说，结果是令人满意的。我非常感谢你们，因为这是最重要的支持与自信手段……

“我向你们保证，我国人民所有的民主成果将得到保障。而且我们不会停留在已有的成果，我们将巩固多党制。我们将巩固公民社会，竭力而为保证媒体言论自由。而且我们将建立这样一种制度，以使任何官员也不能以国家利益为掩饰中饱私囊，任何夸夸其谈者也不能以民主的漂亮言辞为自己捞好处。我们将竭力保证我国经济稳定增长。毫无疑问，我们将珍惜经济和社会的稳定，这也是近段时间我们多次说过的。我想强调的是，稳定并不是目的，这只是解决主要任务——保证我国人民福利增长——的条件。”

我们可以发现，普京的一番话可以说是直击人们的心理要害——“我向你们保证，我国人民所有的民主成果将得到保障。而且我们不会停留在已有的成果，我们将巩固多党制……”也给人们吃了一颗定心丸。

可见，领导干部讲话，必须要做到鞭辟入里，能一语击中关键要害。若是讲话毫无深度，那么，即使再华丽的语言、再宏大的主题，也只会空洞无物、让人生厌。怎样才能击中要害呢？

1.有备而言，选择词句表达自己的思想

许多演讲大师在讲演之前，都会作足准备，尤其是语言组织上的准备，以使自己在表达上更准确、生动、有力度。因此，领导者在讲话前，也应该对自己将要讲的内容预先梳理一番。这样做的好处在于，能对讲话可能引起的反应有所预测，以免出现临场心慌、不知所措、语无伦次的尴尬场面。

2.准确而流畅的言辞表达

领导者讲话，一是可以多引经据典。引用得好，常有画龙点睛之功效，产生锦上添花之奇效 。二是要精于修饰词句。领导讲话虽不像文学作品那样过分追求用词、用字的华丽，但至少要让人看起来有赏心悦目之感，读起来有朗朗上口之意。

3.讲话时思维要连贯，不要经常转换话题

领导者讲话，多半都是有一个鲜明的主题的，这也是讲话的目的。因此，如果没有客观的需要，最好不要经常转换话题。讲话的主题不明确，领导者将很难保持思维的连贯性和表达的准确性，而听的人则更不知要接受什么信息，要如何理解并记住讲话内容，这样的沟通将是完全无效的。

比如，一位妈妈在出差前对孩子说：“这几天妈妈出差，你要照顾好自己，我把这几天的饭菜都准备好了，都在冰箱里，吃的时候一定要热一热。天气不好，如果下雨，别忘了关窗户。自己在家好好玩，别淘气，看好家门。热饭菜要放点水，别烧糊了。关窗户要小心，别夹着手指。记住，不要出去乱跑。还有饭菜一定要热着吃噢。”

本来很简单的三件事：热饭菜、关窗户、要待在家里玩，被她这样反反复复地说了一通，孩子反倒不明白自己要做什么了。因为人的大脑思维是有一定连贯性的，一件事情重点强调，就会记得深；如果不停地转换主题，大脑需不停地更新内容，就来不及记忆了。

密钥

总之，因为领导的讲话极具权威性、指导性和针对性，所以追求的是一言九鼎的效果和一针见血的说服力。这要求领导说话时既要有高度，又要有深度！

Part 4

应景说话，到什么山唱什么歌

§

说话要分时间和场合。有些话在一些场合可以说，在另外一些场合不可以说，即便是同样的话，在不同的场合和时间也会有不同的效果。如果想要学会在什么场合说什么话，就要学会分析在不同场合的人们不同的心理需要。

§

第10章　宴请沟通，觥筹交错宾主尽欢

现代社会，请客吃饭成为最常见、最有深意的交际形式，也最能体现一个人的交际手段。小到求人办事，联络感情，大到商业谈判，权钱交易，可以说，只要有人在的地方，就有饭局。吃饭应酬，不容小觑，只有多花心思，才能在推杯换盏中游刃有余。

饭桌上的交际学问颇有深意

中国有句古话："民以食为天！"吃饭，不仅是人类生存的第一需要，也是一种生活方式。除了能解决温饱问题，吃饭作为一种重要的、在中国尤被广泛推崇的交际方式，被赋予了更为广泛与复杂的内涵。的确，吃饭是中国最普遍的交际方式，上至京城都市，下至穷乡僻壤，除了吃饭，有时找不到第二种交际方式。

对于请客吃饭具有的社交功能，钱钟书就曾写道："吃饭有许多社交的功用，譬如联络感情、谈生意经等。社交的吃饭种类虽然复杂，性质极为简单。把饭给有饭吃的人吃，那是请饭；自己有饭可吃而去吃人家的饭，那是赏面子。交际的微妙不外乎此。"我们换个角度看，整部《西游记》其实就是一场

饭桌社交的“恶果史”。

孙悟空经过几番周折，终于获得了天庭的一个无足轻重的官儿——“弼马温”，便自以为是神仙了。但后来，他听说西王母举办蟠桃盛宴没有邀请他，于是冲冠一怒，大闹天宫，最终被压在五指山下。

而在西王母看来，自己大宴众仙，孙悟空官职低微，不请也罢。孙悟空来到天上，本来已很知足了，不料，安逸的生活让他的自尊心暴涨。如今被王母娘娘排除在蟠桃盛宴这个饭桌社交之外，于是他反了——乱瑶池，踢丹炉，拉起了“齐天大圣”大旗。

虽说后来如来佛出手降伏了孙悟空，但孙悟空在西去的路上仍反复找众仙的麻烦。这些不正是一场不周到的饭桌外交带来的恶果吗?

我们赴宴，可能是以个人的身份，可能是代表某个公司或者组织，往大处说，也可能是代表某个国家。关于后者，我们的个人的言谈举止会被外界视为一个民族和国家的形象。所以，欧洲旅游总会制定的旅游者应遵循的九条准则中的第一条就是：“你不要忘记，你在自己的国度里不过是成千上万同胞中的一名普通公民，而在国外你就是‘西班牙人’或‘法国人’，你的言谈举止决定着他国人士对你的国家的评价。”不管以什么身份，具有良好的餐饮礼仪，应对进退，表现不俗，才能塑造出良好的个人形象或组织形象。

饭桌是一个中介，通过饭桌社交的洗礼，原来的陌生人可以变成熟人、朋友。一般来说，三杯水酒下肚，自然就会变生为熟，这是饭桌社交最强大的功能。

的确，请客吃饭是最常见、最有深意的交际形式，它在交际中的作用一般有以下几个方面：

1.拉近与陌生人间的距离

旅居中国五年的叙利亚人卡利姆如是说："在中国做生意与在别处做生意的不同是，在别处，即使不是朋友也可以把生意做好，但要在中国做好生意，必须跟别人成为朋友。一旦你跟中国人成了朋友之后，你会发现他们是很善良的，不自私，如果你有求于他们，他们都会尽量帮忙。"

2.交流信息

诚然，随着信息技术的发展和大众传媒的普及，信息传播的方式已经日趋多样化和现代化，但尽管如此，它们依然不能代替在饭桌上沟通信息的普遍性和重要性。而且餐桌上沟通的信息往往更生动、给人的印象更深刻、更富有启发性。如近代四川茶馆首先突出了传播信息的作用。川人进茶馆，不仅为饮茶，而首先为获得精神上的满足，自己的新闻告诉别人，又从他人那里获得更多的新闻与信息。川茶馆的第一功能是"摆龙门阵"，一个茶馆便是个小社会。

3.协调人际关系

餐桌是人际关系的润滑剂和调节器。由于餐饮礼仪的基本原则是敬人律己、真诚友善，所以它能联络人们相互间的感情，架设友谊的桥梁，协调各种人际关系，营造一个和谐友善的社交氛围，也有助于建立和发展人与人之间相互尊重和友好合作的新型关系。在人与人之间发生某种不快、误会和碰撞时，我们利用饭桌社交，通过一句礼貌用语、一个礼仪形式，便能化干戈为玉帛，重新获得彼此的理解和尊重。

4.有利于塑造良好形象

社交中的“形象”，指的是参与交往的主客双方在对方心目中的总的评价和基本印象。在社交活动中，人们常常根据对方的外貌、举止、谈吐和服饰等表面特征，对对方作出初步的评价并形成某种印象，即第一印象。这种人际认知的第一印象虽然具有表面性和片面性，但一旦形成以后，往往使人产生某种心理定式，对人际交往的成败和人际关系融洽与否起着重要作用。这也就是人们常说的“首因效应”。

密钥

在中国，似乎很少有单纯工作意义上的业务关系，多如牛毛的饭桌社交早已给业务关系掺入了友情甚至类似亲情的因素。尽管这种关系很可能只维持短暂的时间，但对于为了种种目的必须要与别人打交道的人来说，这种通过吃饭进行的情感洗礼必不可少。

饭桌犹如棋局，重在布局

中国的饮食之道，也是人情融合之道。吃一顿饭，既是亲朋故交之间的沟通交流，也是生意对手间的交锋谈判。在中国，99%的事情是在饭桌上开始，在饭桌上解决，最后又要回到饭桌上的。因此，最能体现一个人交际手段的便是吃饭。

新加坡国立大学东亚研究所所长王赓武教授接受记者采访时说："中国人谈事情的过程看上去费时费事，但是中国人看重人际间的相互投入。交流起来虽多费功夫，但更富人情味。即使交易最终没成，以后相互关照，也不在话下。"这大概就是中国人总把陌生人往饭桌旁边拉的原因。零点公司的报告显示：近90%的被调查者对亲戚感觉比较亲近或非常亲近，同学圈和同事圈次之，对社交圈的心理依赖度最低。报告称，这体现出中国居民的特点——熟人社交。

张丽是某公司的一个小领导，虽然官儿不大，但掌管着公司员工的考勤情况，公司哪个员工要请假，都要得到她的批示。

最近，张丽要过生日了。自从结婚后，丈夫早已把她的生日忘得一干二净，这让张丽很是不快。不过，张丽也理解，丈夫每年大部分的日子都在外面出差，哪有时间记起这事。但奇怪的是，今年她生日这天，她收到了一张邀请卡，上面只写道："晚上七点，畅海园，不见不散。"

怀着好奇的心，晚上七点，张丽准时到了相约的地点，但等待她的并不是丈夫，而是单位的小陈，这着实让张丽很惊奇。

"你怎么知道今天是我的生日？"

"关于张姐的一切，我了解得都非常清楚，我听说今晚您没有约会，同事们也没说给您庆祝，我就自作主张，给您庆祝一下。"听完小陈的一番话，张丽差点感动得哭了。是啊，这几年来，还有谁留意过自己的生日呢？于是，张丽借着酒劲儿，很快便与小陈聊了起来。就这样，时间很快地过了一个小时。酒至三巡，突然有人敲门，手拎一盒蛋糕，说是送外卖的，有人叮嘱送给这里的寿星。张丽这时更是感动了，已经湿了眼眶。那天，二人谈到深夜，依然依依不舍，并以姐妹相称。离别时，张丽坦言道："小陈啊，以后有什么事，一定要来找我，我能帮得上忙的，一定不会袖手旁观。"

张丽之所以和小陈成为姐妹，并不仅仅因为一顿饭，而是因为饭桌上小陈一番感人的话语。酒过三巡之时，那一盒蛋糕更是给足了张丽惊喜。可见，吃饭，意并不在吃，而在于言谈的深入带来的感情的加深。

的确，对中国人来说，饮食之道，也是人情融合之道。一场饭局可以是亲朋好友之间的沟通交流，也可以是生意场上的谈判，这与西方人自居一隅、各自分餐有着文化根源上的区别。易中天说，中国人喜欢请客吃饭，并不是中国人好吃，而是中国文化的思想内核——群体意识使然。所以，看一个人经常混迹于何类饭局，便几乎可以洞悉其兴趣、爱好、财富、身份、地位。在中国，饭局也体现了一个人的社会身份认同体系。

那么，在饭桌上，我们该如何通过谈话加深彼此间的感情呢？当然，这要视不同的饭局而定：和两三好友一起吃饭，口无遮拦，爽声大笑，从容轻松，是一种快乐；和领导吃饭就难多了，切忌"领导敬酒你不喝，领导夹菜你转桌，领导讲话你啰唆"；至于操办公宴，对主人的社交能力更是严峻的考验。

如何选择档次合适的酒店、门口是否有停车位、怎么排座位、如何点菜，都要煞费苦心；酒席中，如何把握气氛、调动来宾情绪，男女客人之间的交流、主客之间的沟通，都要仔细考虑。只有宾客尽兴而归，主人才能长出一口气。一旦出现纰漏，该达到的效果没有达到，那主人估计连跳河的心都有。吃饭是一门人际关系的学问，也是生存打拼的智慧。通晓吃饭交谈的奥秘，你才能真正领略到吃饭的精髓所在，才能在任何饭局中游刃有余，无往不利！

密钥

小到求人办事，联络感情，大到商场搏杀，权钱交易，可以说，凡有人处，就有饭局！可见，饭局之妙不在“饭”，而在“局”也；吃饭之意不在吃，而在于言谈的深入。情到深处，我们请客吃饭的目的也就达到了。

你不得不学会的祝酒词

中国人常说：“无酒不成宴。”的确，中国人喝酒，喝的不仅是酒，还是一种意境和文化。自古以来，素有“行酒令”之传统，到了现代，人们的劝酒习惯有增无减。这也是酒桌上的一种礼仪，我们都希望对方能在我们的劝说下喝下我们敬的酒。因此，我们在交际应酬的时候，除了要懂得如何喝酒，还要明白劝酒的学问。

小杨有一群很要好的朋友，可谓铁哥们儿。在他结婚时，这群朋友本着“不把小杨放倒，誓不罢休”的原则来参加婚礼。

果然，酒席一开始，他们就使出了看家本领，一个个都很会劝酒。一位朋友对小杨说："男人不喝酒，交不到好朋友。"没办法，小杨义不容辞地喝下了这杯酒。还没歇会儿，另一位朋友又对小杨夫妇说："女有貌，郎有才，杯对杯，一起来。"面对朋友这样的深情厚谊，他们自然得喝下这杯酒。接着，另外几个朋友也没放过他。一场酒席下来，小杨差点把老胃病喝出来，但正如他对这帮朋友说的："你们劝酒我乐意喝，今儿我高兴。冲着你们这张劝酒的嘴，我都不好意思不喝啊！"

在餐桌上劝酒，可以渲染吃饭气氛，使整个宴席的气氛活跃起来。和小杨的这些朋友一样，那些会劝酒的人往往能博得满堂彩，不失礼节又能让人刮目相看。

餐桌上，我们都希望对方能喝下我们敬的酒，但想要做到这一点，就得看我们劝酒的本领。劝酒词通常是轻松和谐的，但我们在劝酒的时候，要避免庸俗，否则会让对方感觉难堪甚至鄙夷，这样，原本为了活跃气氛的本意就被倒置了。或许你认为自己比较木讷，不大会说，对此，你不妨掌握以下这些文明又动听的劝酒词。

过去，我们生活中最流行的敬酒词是："感情深一口闷，感情浅舔一舔，感情铁喝吐血。"如今，这类话已被新的敬酒词所替代："美酒倒进白瓷杯，酒到面前你莫推，酒虽不好人情酿，远来的朋友饮一杯”“天蓝蓝，海蓝蓝，一杯一杯往下干”“女有貌，郎有才，杯对杯，一起来”。

可见，在酒桌上学会劝酒是何等地重要，才思敏捷、善于利用劝酒加深感情的人往往能让宾主尽欢，于微醺中达到喝酒的目的！

密钥

劝酒考验的是一个人在应酬时变通、见机行事的能力，因为劝酒的随机性很强，但也不是毫无章法、毫无规则的，我们要根据不同的场合、时间、地点以及当时的喝酒氛围来劝酒。

轮番敬酒，如何巧妙拒绝

中国式的吃饭应酬中，饮酒是必不可少的交际手段。对于那些善于交际应酬的人而言，酒是他们的社交工具，他们善于在推杯换盏中吃出氛围，喝出交情，谈成生意，扩展人脉。其实，很多酒桌上的酒、菜都只是附属品，喝酒也只是一种方式、一种投资、一种手段。精于此道的人，拓宽了人脉，积累了财富，也搞好了关系，结识了朋友，一举两得，名利双收。

交际应酬中，我们不仅要学会敬酒，还要学会“推杯”，尤其是面对那些车轮式敬酒的情况，更要学会婉言拒绝。酒桌是个交际场所，也是一个考验人的场所。我们不能喝酒，最好学会拒酒；我们不能以酒量让他人痛快，那就凭三寸不烂之舌让大伙儿开心。这样，就能既不伤自己的身体，又不让劝酒者扫兴。

这天，老杨这个“酒场君子”又被大家拉去吃饭了，他总是乐此不疲。酒桌上，他看到同事小刘也在，就想和这个年轻人拼一下酒。

于是，他端起酒杯，对小刘说：“滚滚长江都是酒，乙醇淘尽英雄，坛坛罐罐转头空，杯盘狼藉在，几张老脸红，残汤剩菜酒桌上，惯看醉汉威风，一群酒鬼喜相逢，古今多少事，都废酒坛中。”接着，他说先干为敬，可是，小刘偏偏是个连葡萄酒都不沾的人，这可怎么办好？面对这情形，他不得不喝下这杯酒。接下来，简直是一发不可收拾，很多同事发现小刘并非想象中那么滴酒不沾后，就开始对他轮番轰炸，而小刘也不好拒绝。于是，当天晚上，小刘是被架出酒店的。

案例中，小刘为什么不得不喝下老杨敬的酒？因为，面对老杨的劝酒词，他无法应答，骑虎难下，只能接招儿。实际上，有敬酒词，就有挡酒词。如：“酒量不高怕丢丑，自我约束不喝酒。”“万水千山总是情，这杯不喝行不行？”“一条大河波浪宽，这杯酒说啥也不干！”“我为大家唱支歌，歌声好听酒不喝。”“君子之交淡如水，以茶代酒也很美。”“锄禾日当午，汗滴禾下土，连干数杯酒，你说苦不苦？”

当然，面对别人的敬酒，我们应付的方法有很多，具体来说，我们可以这样做：

1.以委婉的语言拒绝

你可能根本不碰包括葡萄酒在内的各种酒精饮料，甚至被敬酒时也是如此。当酒传递过来时，你当然可以谢绝，比如，在祝酒时举起装着苏打水的高脚杯。过去，除非饮用的是酒精饮料，否则不祝酒，但是今天各种饮料都可以用来祝酒。无论如何，你应该站起来，加入到这项活动之中，至少不应该极端失礼地坐在座位上。

2.巧设借口，离开饭桌

上厕所、接电话也是很管用的一招。为了避免醉酒，形势不对时，还可以把手机设个闹铃，过几分钟闹铃响，谎称自己接电话。对于女孩来说，就算会喝也不能喝多，即使能喝半斤量，也要让所有人都相信你只能喝三两多。不会喝酒，但是在大家劝说下，抿一下酒杯，这种女孩才是人们所欣赏和喜欢的。这样既保护了自己，又不失风姿，顾全了对方面子，还会让别人赏识。

密钥

拒酒的办法还有很多，要随机应变，兵来将挡、水来土掩。酒文化中既有劝酒词，也有拒酒词，你没有酒量，凭着你的机智和口才也可以在交际场上应对周旋，顺利推杯，游刃有余。这也应该作为我们交际应酬的原则。机智聪明的人始终能在酒场广结人缘，又能顺利抽身，然后让交际为其所用。

第11章　一线万金，电话沟通更考验你的说话技巧

现代社会，越来越快捷的沟通方式已经逐渐被人们所认可，而多种多样的现代化交通工具也层出不穷。在这其中，最快捷、使用最频繁的就是电话。别以为电话交流是最简单的沟通方式，其实，不见面的沟通往往需要高效的口才技巧。

电话沟通，有礼有节

在电话中交流与平时闲聊不一样，电话起到的主要是通知和沟通的作用，应该像书面写作或者正式场合的见面一样，要有一个规范的程序，至少讲话时要使用规范的语言，使电话沟通能变得简明、顺畅，给对方一个干练的印象。

怎样使用电话进行快速有效的交流呢？必须要遵守电话的使用规则，具体有以下几点。

1.选择合适的时间

当你准备给某人打电话的时候，首先应该确定一下这是不是适合打电话的时间。如果你是因为工作关系向某位客户打电话，那就需要在白天上班的时间打；如果你是私人电话，除非是非常紧急的事情，否则你应该在早上8点之后，周末应该推迟

到早上9点以后，晚上则要在9点之前，以免打扰对方的睡眠。一般来说，中午也不是打电话的合适时间，因为有的人会有午睡的习惯。

2.确认对方身份

电话接通时需要再一次确认对方的身份，你应该说：“请问，您是某某先生吗？”或是：“请问，这是某某的家吗？”等到对方肯定之后，再与之说明打电话的原因。如果你打错了电话，应该马上向对方致歉。电话交谈的时间，除了煲电话粥，一般不宜过长，以免影响对方工作。在与对方结束通话后，应该先等对方挂断电话以后，再把话筒轻轻地放下。

3.作好自我介绍

接起电话或显示电话打通了，首先要彼此明确身份，在简单地问候之后，可以简单介绍说这里是某某公司，告诉对方你的身份，同时确定对方的身份。如果是私人电话，最好能告诉对方自己的名字和与对方的关系，否则，如果遇到对方不熟悉你等情况，就麻烦了。

这样做不仅有利于通话的顺利进行，更是对对方的一种尊重，也是一种礼貌的行为，同时可以确定对方是不是你要找的那个人或那个单位。

4.寒暄客套

确定了通话双方以后，最好客套一两句，如“打扰您了”

或者“很高兴能与您通话”之类的话语，客套不要过长，否则很容易引起对方反感。如果是电话推销或者进行比较长时间的通话，可以先问一下对方有没有时间或者是否方便。如果对方正有一个重要会议，你却在电话里东拉西扯，即使耽误一分钟，对方也会不高兴。

5.说正事要尽量简单明了、速战速决

电话用语一定要言简意赅，把需要陈述的内容用最简洁明了的语言表达出来，这样可以给人留下一个精明干练的印象。即使打私人电话，也应尽量先说正事，然后再沟通感情，让对方对你的正事先有一个印象，切忌说话吞吞吐吐、含糊不清、东拉西扯，语言要凝练，表达方式要明确，不要加一些“嗯”“啊”之类的助词，或者说些套话。如果在电话里说不清楚，或者需要占用过多时间，最好先通知一下，然后告诉对方用电子邮件详述或者见面时候再详谈。

电话一般只起通知、邀约、无分歧沟通、小请求的作用，通话的时间不宜过长，一般以三至五分钟为好。电话销售顶多起到通知对方有东西或服务要销售，希望知道对方的空闲时间以便见面详谈的作用，不可能通过电话达成某些购买意向或完成大的项目。所以有分歧的沟通或请求最好不要通过电话进行，这也是对别人的一种尊重。

如果是私人电话，不妨再加上一两句联系感情的话，避免对方以为你打电话就为了说事，否则会显得过于无情。如无必要，最好不要用电话长时间聊天，即使是亲人朋友也如此。

6.电话道别

在说“再见”之前，最好有一个暗示或者预警，比如，“就这样”“某日几点在哪儿见面，然后再详谈，您看这样好吗”“这次通话很愉快”“请您转达，谢谢”。这些话是通话结束的信号，也是对对方的尊重，总之最好不要说完事直接挂断电话。

密钥

电话交流讲究的是效率和明朗，最好能在打电话前作好资料准备。如果对方在电话中说不明白，可以直接用询问的方式，把重要事情弄清楚，总之不要啰唆和拖沓。

电话中的大方问候，温暖对方的心房

以千篇一律的“您好”为开头的电话问候未免单调，但很多时候，我们也无法掌握最恰当的问候方式。在通话中，巧妙的问候可以为你的电话语言增色，还可以加强沟通效果，增进两个人之间的感情。现在就介绍一下在电话中如何恰到好处而简洁分明地问候对方。

1.遵从自己的身份角色

无论是公务性、商务性还是私人电话，都要遵从自己的角色。

公务电话一定要加强服务意识，遵从职业角色。很多单位对接听电话时如何问候、打招呼有严格的规定，如果本单位有接听电话规定，那就要严格执行，如“您好，这里是联想服务热线，某某号某某竭诚为您服务”。训练有素的职业问候会让拨打电话者产生信赖。宾馆饭店、会所、售后客服等等，也都有类似的接听问候规定，按照规定问即可。

如果是商务性质的电话问候，语气一定要轻松随意些，“你好”或者“下午好”是不错的开场白，没必要过于郑重地用“您”这个尊称，或者太过正式，否则，令顾客如临大敌，就得不偿失了。

私人问候最好问对方的身体健康状况，表达自己的关心，可以采用更随意一些的“嗨，某某”“最近还好吗”“一切都顺利吗”等问候方式。既显得亲切随意，又可以表达出自己的关怀、熟络之意，更适合自己作为朋友的身份。

2.对象不同用不同的问候语

如果是跟家里人、同事或者熟悉的朋友打电话，最好不要一板一眼地说“你好”，以免显得过于生疏或不欢迎对方，而可以用多种方式来问候。比如，给好朋友家里打电话，如果是对方的男朋友接的，自己与他也比较熟，那就可以说“姐夫好”，或者直呼其名：“某某啊，安安在家吗？”更加自然顺畅，熟不拘礼。

另外，如果关系到求人帮忙或者是与职务较高的人打电话，问候时，不妨用职务问候，如“马科长好”“李经理，您忙着呢”等等，这样更能体现自己对对方的尊重，也更能讨对方高兴。

3.不同时间可变换不同的问候语

除了普遍的“你好”之外，还可以根据时间的不同进行问候，早上7点到10点之间，可以问声“早安”，10点到12点问“上午好”，12点到14点问声“中午好”，下午2点到6点可以问“下午好”，晚上18点到21点问声“晚上好”。早上7点以前、中午12点到2点、晚上9点以后，如果没有急事，最好不要给他人打电话，以免打扰他人的私人时间，当然，私人电话除外。

在特殊的节日，问候可以变得更多样，如“圣诞快乐”“春节好”等等。

4.通报自己的姓名或身份

问候完“你好”之后，应该马上通报自己的姓名或身份，以免给对方造成困扰。通报姓名也有窍门，如果对方和你比较熟悉，可以直接报出自己的名字，“我是某某”；如果对方对你的名字不熟，就要通报身份，“我是你肖阿姨”；如果对方对你的身份和名字都不熟悉，就要通报你与他熟悉的人的关系，如“我是某某的爱人”“我是你妈妈的好朋友”等，这样对方才不会因反应不过来而产生困扰。

密钥

问候时一定要热情诚恳，让对方感觉到你的诚意。因此，语气、语调一定要适中，不要过于大声（除非对方听力欠佳）或者有气无力，否则对方会认为你过于勉强或心不在焉，让接电话的人不舒服，沟通效果自然也会打折扣。

语言真诚，展现诚意

使用电话沟通，因为双方都看不到对方的表情，所以要比见面沟通更加不顺畅，更加充满戒备。怎样加强沟通的效果，让对方听到你的声音便能理解你的意图和情绪？

1.注意语气

你的声音是充满青春活力的，还是有气无力、充满疲惫的；你的语调是高昂的还是低沉的；你的语气是诚恳、热情、亲切的，还是充满戒备和不满的，或是充满愤怒和不耐烦的……任何一种情绪都可能通过你的声音表现出来。打电话之前，要先调节自己的情绪，确保情绪平稳，再用自然诚恳、亲切热情的态度和对方打招呼，这样就有了十分的诚意。

2.专注聆听

接听电话时，应聚精会神，仔细聆听对方的讲话，并准确、及时作答，给对方积极的反馈。如果不清楚对方的意思，可以要求对方重复一遍或询问清楚。倾听时，应该适当有所表示，如“是”“对”“好”“请讲”“不客气”“我明白了”等等，少用语气词“唔”“嗯”等，否则会让人感觉你漫不经心。为了加强效果，可以复述对方的话，以确定自己理解的是否正确。

3.使用加强的语言

当你拒绝某件事，而对方拼命纠缠的时候，不妨加强词句中的坚决，“我已经有了一份类似的保障，决不会再重复购买。”同时你的语气也要表现出坚决的拒绝，而不要用迟疑的语气，比如“我大概不会买，你别再说了好吗？”接电话时用兴奋的声音说“接到你的电话真的很高兴（特别高兴）”，可以让你的话语听起来更诚恳。

4.别做其他干扰的事情

我们常常会遇到这种情形：客服人员给你打电话进行某项调查，你甚至可以听到对方在做什么——翻纸声代表他没有事先准备好资料和表格，难道他以为你不会反馈有用的信息，甚至不会接受这次访谈？果然，对方开始说话，你甚至听出他语气中的有气无力；当你反映自己使用中遇到的问题时，他有点心不在焉，你似乎看到他在一边转自己手中的笔，一边听你诉说遇到的麻烦。面对这种麻木和拖沓，你愤怒了，即使对方再怎么保证“一定会尽量解决、改进”，你也会放弃这家公司的服务。

5.不要隐瞒自己的不快

如果对方的语言引起了你的不快，为了表示尊重，不要针锋相对，但也不必委曲求全，“为了尊重您，我不会用同样的方式应对，但也请您尊重我的工作。”私人电话不妨这样表达：“你的话很刺伤我，为了避免误会，咱们下次再聊吧。”这样的话能够为自己留一份自尊，也让对方心生歉意，比唯唯诺诺继续下去更容易获得他人好感。

密钥

与此相对，你打电话时，最好也要态度诚恳，表示尊敬，千万不要做与讲电话无关的事情。接电话前或刚结束电话时最好不要谈论对方的是非，因为也许对方还没有挂机，刚好听见你出言不逊。也不要捂住听筒说其他事情，那不过是“掩耳盗铃”。

电话沟通中的语言禁忌要掌握

在电话交流中，一些不确定或否定性的语言有着削弱沟通效果的作用，一定要小心应用，否则会给别人留下坏印象，影响你的形象。如果你想令对方认为你是一个有担当、有分寸的人，你就应该尽量选用肯定句。以下是一些需要注意的事项：

1.不能直接否定

最好不要说“我不能”，而改换为：“时间或场合不太方便，你看……好吗？”如果对你来说安排一个方便的时间、方便的场合或方便的方式是可以的，就不要说“我不能”，而应直接将自己的建议阐述出来。如果想要拒绝对方，不妨说“谢谢，我不需要”“我暂时没有这方面的安排”。

2.不要传递没自信的信息

“我必须先和经理商量一下”，或者“我必须和财务核对以后才能……”。这样会显得你很无奈，你对自己没有自信或对工作和职位有抱怨态度，最好改为“我会尽快和某人商量（联系、核对）一下”，“我会尽快征询别人的意见”，这样会显得自己更重要，也是一种承诺。

3.避免敷衍的言语

“我试试吧”，极像一种推脱、敷衍之词，言外之意是你只是尝试一下，甚至连尝试也不会。最好用“我尽力而为”，或者直接给对方一个期限，“我会尽力，但不能保证结果，三天后如果我不能做到，就是真的无能为力了。”如果你不愿或不能做某件事，最好也不要用“试试”来敷衍对方，最好把话说明白，“这件事在我的能力之外”或者“我不想这样做”。

4.不使用模棱两可的答案

如果你不知道，或者答案暂时还不明确，不妨用这样的语言："现在还没有确切答案，稍后再回答你可以吗？"或者："我会尽快确定答案，到时给你打电话。""我尽快问清某人后答复你。"如果你不确定自己那时是否有时间，有空闲，不妨这样说："如果方便，我会……"

5.以请教的口吻

你想请教的无论是别人的姓名还是某个问题，只要你开口了，就已经在请教了，不妨直接说："请问您……"如果不是不方便的问题，对方一定会直言相告。如果那是一个秘密，你再说"我能问一下……吗"的时候，就已经犯了对方的忌讳。

6.不使用质问或审问的语气

质问、审问的语气是最糟糕的沟通方式，容易伤害到别人的自尊心，不妨改为建议的语气，"我建议您"或者"我能知道您的真实想法吗"。

7.坦白沟通

比如，"直白地说""坦白地说""实情是这样的"……会让听者感觉到你的坦白和干脆。

8.谨慎使用"骚扰"这个词语

要对方的联系方式，无论是电话、地址还是传真、邮箱，最好不要说"我不会轻易骚扰你的"，不妨直接问"方不方便给我个电话”。就算你想表明你绝不轻易打对方的电话，最好也要用这样的后缀：“我不会轻易打扰您的。”因为骚扰电话、骚扰邮件实在是太令人讨厌了，以至于人们听到这个词就会接收到这种暗示。

密钥

在电话中讲话，一定要首先考虑听话人的感受。不妨用角色互换的方式想一想：如果对方这样说话，你会认为他是怎样一个人？这样有助于自己的形象塑造，有助于有效沟通吗？然后再去说，就不会犯这些禁忌了。

第12章　谈判博弈，妙语连珠迅速占据上风

美国著名的谈判专家荷伯·科恩说："世界是一张巨大的谈判桌，每个人都有可能成为谈判者。"事实上，谈判是每个人日常生活中不可缺少的活动，不论你是否喜欢，我们都是坐在谈判桌上的谈判者。

四两拨千斤，打好语言太极术

生活中，人们进行谈判，都会尽可能地为自己和所代表的利益团体争取利益，于是，讨价还价以及拒绝就在所难免。对于对方发出的谈判招数，高明的谈判者都能巧妙接住，并且能在悄无声息之间进行反击，使谈判主动权迅速转移到自己手中。也许一些谈判者会发出感叹，如何才能做到这一点呢?

其实很简单，这里考验的是谈判者的说话水平——你需要使用太极语言，巧用四两拨千斤的手段加以反击。而"四两"之所以能够"拨千斤"，最主要的就是找准用力点，即那个最具影响力的点。找准这个点后，再发力时，就能达到"拨千斤"的效果。

战国时，东周为了发展农业，提高农作物的产量，准备改

种水稻。西周在高处掌握着水的资源，知道东周改种水稻的消息，坚持不给东周放水。东周非常着急，于是发出话来，谁能去说服西周放水，国家就给予重奖。这时，苏秦的弟弟苏代自告奋勇，去说服西周。他到了之后就对西周人说：“我听说你们不给东周放水，这个决定可是不高明啊！”西周人问：“怎么不高明呢？”苏代说：“你们不给东周放水，他们就没有办法改种水稻，只能种小麦。这样，他们就再也不用求你们了。你们和东周打交道也就没有主动权了。”西周人问：“苏先生，以你的高见，怎么办好呢？”苏代说：“要听我的意见，你们就给东周放水，让他们顺利地改种水稻。改种水稻就常年都需要水，这样，东周的经济命脉就掌握在你们手里了。你们一断水他们就完蛋，他们时刻都得仰仗你们，巴结你们。”西周人听了觉得有道理。不但同意给东周放水，还重重奖励了苏代。

在风云变幻的谈判桌上，双方唇枪舌剑，犹如刀光剑影。谁都想尽快探知对方底牌，争取最大利益，掌握谈判主动权。在这场据理力争、高智商的商务谈判中，谈判者一定要学会运用太极语言，以柔克刚，以软化硬，凭借智慧和柔术进退自如，攻守得当。

一天，某公司的除草机销售员坐在公园的长椅上一边啃着干面包，一边读着报纸。突然，他眼前一亮。原来报纸上报道了总统的小花园的消息，他灵机一动，“腾”地站了起来。他回到家后，立即写了这样一封信：

“亲爱的总统先生：

您的花园真是不错，但是草都已经长高了。我知道您的工作实在太忙了，您没时间打理，而您的妻子需要照顾孩子。我想，作为一个普通公民，我有义务代表所有公民为您做件事：推荐一部除草机，帮您减轻您和您妻子的负担……”

结果，总统看了这封信后，被他的话感动，于是就买了一部。这件事引起了强烈的震动，人们都知道了总统用什么牌子的除草机。于是，这款牌子的机器一时间供不应求。

在以后的工作中，他找到了这个窍门，而且每次都会见效，他的业绩也迅速提升。

这里，这位推销员的智慧之处就是，他让总统购买自己的机器，从有影响力的人物开始打开销路。这就是四两拨千斤的作用。在谈判过程中，谈判者也大可以运用这一语言技巧。

1.每个决策须深思熟虑

这里要求谈判者在谈判中说话要深思熟虑，不能顾此失彼，更不可前后矛盾。对说出的关键词、关键数字和关键性问题要牢记不忘。在讨论其他问题甚至闲聊时，也要避免说出和这些关键问题相矛盾的语言，否则将会引起对方的猜疑而导致被动。同时，尽量不要按照对方的思路走，要想方设法地把对方的思维引导到你的思维上来。

2.懂倾听之道

谈判是面对面的交谈，因此，谈判中有一半左右的时间要听对方说话。常言说："锣鼓听声，听话听音。"能不能听出对方的"音"，听出后能不能作出正确的分析和判断，能不能找出对方的软肋或破绽，从而拿出应对的策略，这些都是能不能实现谈判目的的关键。

3.让对方多说

不要打断对方，让对方多说，不要怕没有说话的机会。在对方产生"言多有失"的警觉时，要尽力地循循善诱。高明的谈判者不仅善于倾听，还善于在不显山露水的情形下启发对方多多地说、详细地说。重复对方的讲话，最好让他们把要说的话、想说的话都尽量地说出来，以显示出你曾认真倾听了他们的谈话，还要尽量判断出对方的真实意图和话里的水分，然后根据自己的原则立场，拿出一套应对的谋略。

4.举重若轻和举轻若重

所谓举重若轻，就是一种轻松的谈判姿态。即使面对的是重大的问题、难点或者分歧较大的问题，也要保持这样的姿态。因为这样就不至于把谈判双方的神经搞得过于紧张，甚至引发谈判的僵局。与之相反，所谓举轻若重，就是面对那些鸡毛蒜皮的小问题时也表现出一副极其认真负责的态度去洽谈。

这一是表明认真负责的谈判态度，二是可以利用这些小事冲淡或化解关键的分歧。当双方在关键问题上谈不去的时候，也可以采取迂回战术。有时候，这些方法只要运用得当，也能达到同样的谈判目的。

密钥

如果你喋喋不休地向谈判对手阐述自己的观点，那么换取的也可能只是对手喋喋不休的回应。如果你能打好太极术，攻克其关键点，那么整个谈判也就能拿下了。

软硬兼施，玩好心理博弈

语言是人们进行思想情感交流的重要工具，而语言的表达方式则是多种多样，时而柔和，时而犀利，时而强势。在这其中，“舌战”是人们语言的激烈形式之一，同时，舌战也是一场智力的较量。这时候我们需要运用“犀利”的语言，适时说一些“硬话”。

犀利的语言是指在语言表达的内容中有比较犀利的成分，对语调、语气都有相应的特殊的要求。把犀利的语言隐藏在话语中，真正击中对方的要害，使其有所顾忌，令其知难而退，最终达到征服对手的目的。

春秋时期，秦国准备袭击郑国，走到滑同时，这个消息被郑国的商人弦高知道了。弦高原打算去周国做买卖，但他不忍心自己的国家蒙受损失，便打算劝秦国主将改变主意。弦高知道，如果以硬对硬，肯定会适得其反。于是，他带着4张熟牛皮作礼物，又赶了12头牛去犒赏秦军。他故作恭敬地说："我国国君听说您将行军经过敝国，特地派我来犒劳您的随从。"

虽然弦高这话说得十分客气，但字里行间透露出强硬的语气，他的弦外之音是，"你们要偷袭郑国，但这个消息已经走漏出去了，郑国早已经有了准备。由于秦强郑弱，郑国才派出了使者慰劳秦军，以尽礼仪之道，如果秦国不识相，那就只好兵刃相见了。"他那软中带硬的语气，无一不透露出犀利的意味，言语中带着比较强硬的成分，令秦军刮目相看。

吴仪曾说："我从没想到要投身政治，只想做个企业家。"1967年，29岁的吴仪初到燕山石化。她凭着一股子干劲，从开推土机，到做技术员、工程师，再到出任厂长、经理……人们曾以敬佩的口吻说："她几乎是从男人堆中干出来的。"

在国际谈判桌上，吴仪以其机智、干练和强硬，赢得"中国铁娘子"的美誉。1991年，中美进行知识产权谈判。一开场，美国人态度嚣张："我们是在和小偷谈判。"吴仪闻后，立即予以反击："我是在和强盗谈判，请看你们博物馆里的展品，有多少是从中国抢来的！"她犀利的语风让对手意识到

“这个女人不简单”。美国前商务部长埃文思评价她说：“她总是面带微笑，可这微笑中能让人感到她的坚强神经和工程师般的思维。”

美国《福布斯》杂志连续三年把她列在“世界一百位最有影响力女性”的前三甲地位。吴仪，这位共和国历史上第三位女副总理、中国权位最高的女性，曾多次被冠以“铁娘子”“时代女性”“拼命三郎”等称号。吴仪那惯用的强硬的谈判语言，以及干练的谈判风格，令谈判伙伴对她刮目相看，同时，也让我们理解了为什么人们对她冠以“铁娘子”的美誉。

1984年，里根为了竞选总统，与对手蒙代尔展开了一场电视辩论。在辩论中，蒙代尔自恃年轻力壮，竭力攻击里根的年龄，说他不适宜担此重任。里根回答说：“蒙代尔说我年龄大而精力不充沛，我想我是不会拿对手的年轻、不成熟这类问题在竞选中加以利用的。”如此一句绝妙的回答立即博得全场的热烈掌声。辩论结束之后，里根顺利地当选总统。

面对蒙代尔的攻击，作为年长者的里根如果以牙还牙，开口大骂，难免有失身份，但如果装聋作哑，那么他在蒙代尔的锐气面前又显得气势低下了。于是，里根客气地予以反击，以犀利的语言抨击了蒙代尔作为年轻人的浅薄和狭隘。貌似客气的一番说辞，却毫不客气、一针见血地指出了对方的不成熟，不仅有力地反击了对手，而且在观众面前树立了自己更能胜任总统的形象，使得自己最终赢得了胜利。

当谈判者遭遇对抗性的谈判，在自己一方占绝对优势、掌握主动权时，或被逼上梁山、准备背水一战时，不妨采用强硬的谈判语言，不过不宜滥用。假如在商务谈判中遭遇强硬的对手，可在语言上针锋相对，据理力争，坚决不示弱，先打消对方的气焰；也可以柔克刚，避免矛盾激化，令对方不好意思强硬到底，从而改变说话的态度，以便谈判顺利进行。

1.柔中带硬的语气

为了使整个语言表达彰显出犀利的语风，我们在说话时需要使用柔中带硬的语气。换句话说，我们说话的态度是柔和的，但话语中包含着强硬的成分。这样犀利的语风会令对方刮目相看，比如，“听你这么一说，我确实没有见过你们这样独特的礼貌方式”。

2.巧用“绵里藏针”

我们在说话时需要巧用“绵里藏针”，其中的关键在于你的“针”既要硬，又要扎得准，这样才能击中对方的要害，令其刮目相看。

3.委婉含蓄的表达

犀利的语风隐藏在字里行间，不需要直接用强硬的话说出来。因而，我们在进行语言表达的时候，需要使用委婉含蓄的表达方式，不但把话说得很艺术，而且能对他人心理造成影响，让对方明白你话里的锋芒所在。

密钥

在谈判过程中，我们经常会使用到一些强硬的谈判语言。通常谈判者将商讨看成一种智慧、意志与口才的较量，不把对手看成合作对象，而是当成敌人。在某些特定的谈判场合中，立场越坚定、语气越强硬，压倒对方大获全胜的可能性就越大，机会就越多。

出其不意，攻其软肋

中国人历来相信事在人为，几乎所有的事情都是人做出来的，因此人与人相处要以人为主。如果理念不同，人们之间很容易产生“道不同，不相为谋”的隔阂。那么，不同的理念又来自哪里呢？无非是人与人的性格、脾气不同，所以才会产生不同的想法和办事风格。

然而，每个人都是有心理软肋的，也就是说存在一些性格缺点。基于这样的道理，在实际谈判中，假如我们想要操纵一个人的心理，不妨先了解其性格，再通过对其心理软肋展开攻势，最终达到操纵他人心理的目的。

在赤壁大战之后，曹操败走。对于曹操的逃亡路线，诸葛亮料事如神，料定曹操一定会走乌林，取道荆州，由华容道回许昌，结果真的是这样。

对于诸葛亮，人们大多会说诸葛亮料事如神，神鬼莫测，还会作法借风，差不多是鬼神之道，难以揣测。实际上也没这么玄乎，他的神奇也是有章可循的。对曹操逃亡路线的猜测，诸葛亮是基于两个方面：一是对地形的熟悉；二就是对曹操性格的了解。特别是料定曹操走华容道，假如仅仅从地形角度考虑，就会得出相反的结论。正是对曹操性格的了解，才使诸葛亮作出这一判断。

看过《三国演义》的人都知道，曹操的性格弱点是多疑。当时，摆在他面前的是两条路：一条是宽敞的大路；一条是崎岖的华容小道，华容道不是一般地难行，需要伐木叠桥。而且，曹军远远地看见华容道的高山之处有烟火，就好像有伏兵。不过，曹操多疑，他认为那是诸葛亮故意搞鬼，放烟火吓人，认为真正的伏兵是藏在大道旁，于是，他最终选择了走华容道。从这里看出，诸葛亮对曹操狐疑的性格可以说是了如指掌。

说到《三国演义》，我们还会经常提起一个因性格缺陷而死的人物——周瑜。俗话说："性格决定命运。"人们在关键时刻所作的决策往往是由其性格所决定的，而其决策则促成其命运。周瑜不聪明吗？火烧赤壁退百万曹兵，他可算是一代奇才，不过，他眼里终究容不下一个诸葛亮。周瑜是诸葛亮害死的吗？非也。那是他自己的性格软肋害死了自己，诸葛亮只是起到了推波助澜的作用。周瑜临死还质问老天爷："既生瑜，何生亮？"

1.了解对方的性格

在日常谈判中，我们要善于用各种方法去了解对方的性格，尤其是多方面的性格。但凡是人，其性格都有其缺陷、弱点，只要我们能利用这个软肋，那就一定能顺势操控这个人的心理，从而达到自己的目的。

2.对方是有弱点的

每个人都会有弱点，每一个弱点都可能让谈判对手获得更多的利益，尤其是一些可以对此次谈判造成致命影响的弱点，谈判一方一旦探明，就可以掌握着绝对的主动权。因此，谈判中要通过各种途径探察对手的弱点，这些弱点可以是谈判者个人的，也可以是对方这个谈判团队的。在所有的弱点中，对方的真正需求是其最大的弱点，弱点就是软肋，掌握了对手的软肋，等其让步就只是时间问题。

3.抓住对方软肋，掌握主动权

一个人的心理再强大，也不是不可战胜的。只要我们找到其心理软肋，就可以有的放矢，然后轻松瓦解其心理防备，从而促使整个谈判朝着利于我们的方向继续下去。

当然，在抓住对方弱点后，有一些弱点可以直接向对方挑明，有些弱点可以不挑明，尤其是涉及对方秘密的信息，就不宜挑明。抓住对方的弱点后，我们可以强硬地坚持自己的谈判立场和价格，对方总是会让步。当然，假如对方的弱点也是己方的弱点，那就需要及时作出让步，争取主动，否则就会流失客户。谈判主动权是指在当时的条件下以最有利的条款和自己想要的客户尽快地签约，而不是固执地坚持原则。

密钥

谈判双方没有买与卖的真正需求就不会坐在谈判桌前，一个人只要有需求，就会有弱点。有的谈判者假装自己没有真正的需求，以便在谈判中争取主动，在这时，我们就需要用判断力去识别真伪，需要仔细分析细节，洞悉对方的真正需求。所谓“无欲则刚”，反过来，有欲望就会有软肋，有软肋我们就有机可乘。

言语引导，让对方进入你的语言“圈套”

在日常谈判中，假如对方有存在问题的地方，你仅仅需要提出建议，让对方自己发现问题的所在，从而通过思考来解决出现的问题。这样既帮对方解决了问题，还让别人拥有了一种成就感，何乐而不为呢？泰勒是著名的工程师，他曾经对自己的雇员使用这种方法，他说："让他们以为是他们自己构思出了那些别人逐渐灌输给他们的思想。"这样既能达到谈判成功的目的，又能很好地维护他人的自尊心，从而增强他人的成就感和自豪感。

在日常谈判中，有些谈判对于业务的成败、赚取利润的多少，乃至对于自己未来的事业发展都有着很大的影响，甚至是决定性的影响。在商务谈判中，在进入会谈阶段之前，谈判双方在心中就已经有了一个大致的目标和方案。而在谈判中最重要的，就是可以把握好这个关键点，控制好谈判的进程，让谈判朝着有利于自己的方向发展。在准确判断对方的意图后，再按照自己的原则立场，拿出应对的谋略。同时，设法把对方的思路引向自己的策略中来，这样才能游刃有余，掌握谈判的主动权。

赫斯特年轻的时候，在旧金山开了一家规模比较小的报社。一次，适逢著名漫画家纳斯特来到旧金山，赫斯特就想请他帮助自己完成一个非常重要的计划——他想发动人们敦促电车公司在电车前面装上保险杠。于是，他请纳斯特按他的构思画了一幅漫画，可纳斯特给他画的第一幅画令他不满意。纳斯特是著名的漫画家，自己又很难说动他，如何才能让纳斯特心甘情愿地为他重画一幅漫画呢？

一天晚上，在他们共用晚餐时，赫斯特大大夸赞了那幅漫画。接下来，赫斯特又说：“这里的电车已经造成许多孩子或死或残。有时候，我觉得那些开车的司机就像吃人的妖精一样，根本不像人。他们好像从来不会思考，总是直接冲向那些在街上玩耍的孩子们。”纳斯特立即跳了起来，惊讶地嚷道：“天啊，先生，我保证可以画出一张出色的漫画，请把原来的那张撕掉吧，我重新再画一张。”

当天晚上，纳斯特按赫斯特提供的思路，连夜创作新的漫画。第二天，他果然送来了可使电车公司屈服的杰作。

纳斯特是在赫斯特的巧妙诱导下主动请求重画的，并按照赫斯特的想法辛苦了大半夜，重新画了一幅漫画。在纳斯特自己想来，他甚至以为是自己无意中有了一个绝妙的构思。聪明的赫斯特就是这样不动声色地用这种暗示的方法把自己的思路渗透进纳斯特的头脑中去的。

每个人总是尽可能地去表达自己的思想，如果你想让对方愉快地接受你的意见和计划，最好是让他觉得这一切都是自己的想法，相信一切都源自他自己的创作，而不是按照他人的思路。这样，你就能不露痕迹地把自己的思想植入他人的脑中，使得他完全心甘情愿地为你效力，最后他还会以为这个想法是他自己的。

1.引导对方按照自己的思路走

戴尔·卡耐基曾经说过："如果你仅仅是提出建议，而让别人自己去得出结论，让他觉得这个想法是他自己的，这样不更聪明吗？"有关社会学家的研究成果已经表明，人们对于自己得出的看法，往往比对别人提出的看法更加坚信不移。

因此，我们要想使自己的想法被别人接受，在许多时候应该仅仅是提出建议或意见，留给别人自己去得出其中所蕴涵着的结论,而不宜越俎代庖，硬把自己的意见往别人头脑里塞。让他人觉得正确结论是他自己得出的，可以说是我们向他人提出意见的最高艺术。它将所表达的意见，用巧妙的形式表现出来。

2.不战而屈人之兵

孙子云："不战而屈人之兵。"孙子认为，能够百战百胜，还不算是最高明的将帅；只有不战而使敌人屈服，那才称得上是最高明者。同样的道理，在谈判中，我们应尽量以智取胜：巧妙提出自己的观点，让对方发现问题，并通过思考来解决出现的问题，让他人觉得那个想法是他自己的。这既容易达到谈判的目的，又最大限度地保护了他人的自尊心。

密钥

在谈判过程中，当我们发现对方的决策、意见不妥当的时候，不妨向对方提出一些建议、忠告。最高明的技巧是既提出自己的见解且能够让他人采纳，又让他人觉得这个见解其实是他自己的想法，即于不动声色中把自己的想法传达至别人的大脑，并使之接受。

参考文献

[1]谭忠秀.每天10分钟精通沟通心理学 [M].北京：人民邮电出版社，2012.

[2]王富军.受益一生的社交心理学 [M].北京：中国商业出版社，2016

[3]成正心.活学活用沟通心理学[M].北京：电子工业出版社，2017.

[4]刘艳华.沟通心理学[M].天津：天津科学技术出版社，2017.